1

하루 35분 입이 트이는 한국어

한국어 활용연습

Korean Workbook

김유미 남상은 박세아 저

형설출판사
www.hyungseul.co.kr

교재 집필진

- **김유미(Yu-mi Kim)**

  박사, 경희대학교 언어교육원 교수

  경희대학교 언어교육원 교육부장

  멀티미디어언어교육학회(KAMALL) 학술연구이사

- **남상은(Sang-eun Nam)**

  석사, 경희대학교 국제언어문화대학원

  경희대학교 언어교육원 한국어교육부 주임교수

- **박세아(Se-ah Park)**

  석사 수료, 한국외국어대학교 교육대학원 한국어교육

  경희대학교 언어교육원 한국어교육부 주임교수

머리말
a preface

4차 산업혁명 시대에 교육에도 IT 기술이 결합되면서 이미 에듀테크 교육혁명이 시작되었습니다. 공자의 '학문을 배우고 때때로 익히면 그 또한 기쁘지 아니한가(學而時習之 不亦說乎)' 말씀처럼, 배움은 즐겁고 기뻐야 한다는 뜻을 담고 있습니다. 그러나 한국, 한국어, 한국 문화에 관심이 있어 한국어를 배우고 싶어도 환경이 여의치 않아 시도하지 못하는 학습자들이 많습니다. 혼자 스스로 한국어를 공부하는 학습자 들을 위해 이러닝(e-learning)으로 한국어를 학습할 수 있는 "형설 한국어 이러닝 과정"을 개발하였습니다. 컴퓨터와 모바일 환경에서 학습자 중심 교육이 이루어질 수 있도록 구성하였습니다.

이 책은 이러닝 한국어 과정을 통해 한국어를 공부하는 학습자들이 학습 내용과 워크북이 결합된 교재가 있었으면 좋겠다는 요청으로 독학용 '한국어 활용 연습'을 발간하게 되었습니다. 초급1~중급2까지 총 4권으로 이루어집니다.

이 책은 한국어 의사소통 능력을 기르기 위해 한국어 어휘와 문법을 익히고 말하기·듣기·읽기·쓰기 네 가지 기능을 복합적으로 연습할 수 있게 구성하였습니다. 일상생활에서 사용하는 확장 표현과 학습한 내용과 기능들을 종합적으로 연습할 수 있는 활동들도 추가하였습니다. 한국어를 공부하면서 본인의 한국어 능력을 확인할 수 있게 KLT 한국어인증시험과 TOPIK 한국어능력시험도 대비할 수 있도록 하였습니다. 독학용 교재이지만 국제통용 한국어교육과정의 표준 교수요목을 반영하였습니다.

이 책이 나오기까지 여러분께서 물심양면 수고를 아끼지 않으셨습니다. '한국어 활용 연습'을 출간할 수 있게 바쁘신 일정에도 불구하고 노력과 수고를 아끼지 않은 교재 집필진들에게 심심한 감사를 드립니다. 여러 가지 상황이 어려운 가운데에도 한국어 교육에 관심을 가지고 이러닝 사업을 시작하시는 형설 출판사와 형설 EMJ 관계자 여러분들에게도 감사의 마음을 전합니다. 한국어 교육에 대한 지속적인 사랑과 관심 그리고 아낌없는 지원을 부탁합니다.

2019년 8월

집필자를 대표하여 **김유미**

일 러 두 기

explanatory notes

이 교재는 학습자가 실생활에서 의사소통을 자연스럽고 적절하게 표현할 수 있도록 구성되어 있다. 각 단원은 Key point – Vocabulary – Grammar – Pattern Exercise – Expression – Reading – Writing – Summary로 이루어져 있다. 이 교재는 학습자가 이러닝 프로그램을 통해 한국어를 학습할 수 있는 독학용 교재이다. 또한 말하기, 듣기, 읽기, 쓰기 활동을 통해 정확성과 유창성을 기를 수 있게 하였다.

교재 구성 및 활동 방법

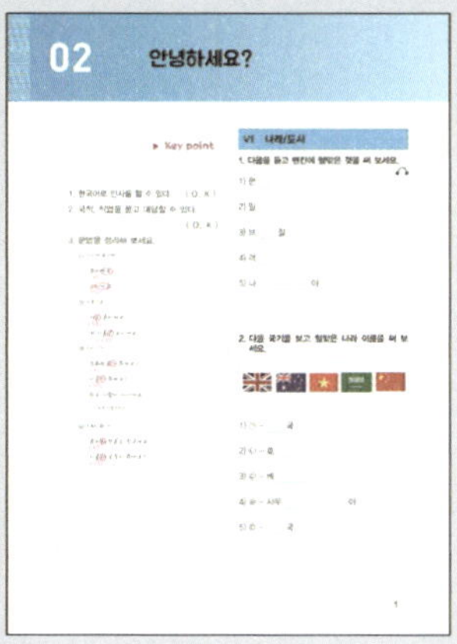
02 안녕하세요?

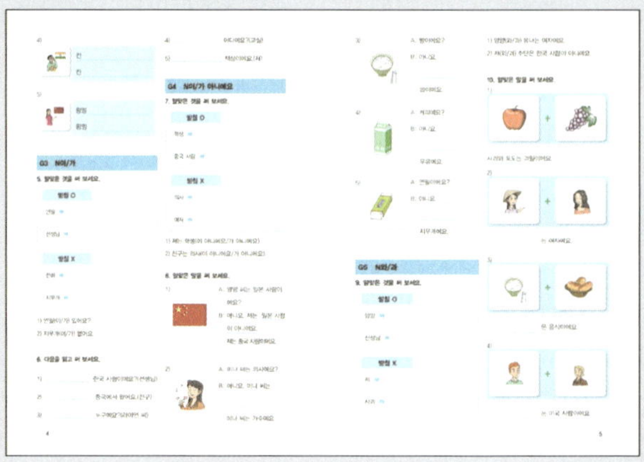

[1] Key point

해당 단원의 학습 목표를 제시하고 있다. 어휘와 문법, 기능을 학습하고 스스로 할 수 있는지를 확인, 정리할 수 있도록 해 학습자가 스스로 학습 목표를 확인하는 데에 도움을 줄 수 있다.

[2] Vocabulary

본 단원의 주제와 관련된 어휘를 학습하고 연습할 수 있도록 제시하고 있다. 어휘를 나열하는 것이 아니라 사용할 수 있게 연습 활동으로 구성하였다.

[3] Grammar

본 단원의 기능과 관련된 문법을 학습하고 연습할 수 있도록 제시하고 있다. 이러닝을 통해 문법의 의미와 형태를 학습하지만 교재 연습 문제를 통해 학습 내용을 강화할 수 있고 담화 상황에서 사용할 수 있게 연습 활동을 구성하였다.

[4] Pattern exercise

본 단원에서 학습한 어휘와 문법을 담화 상황에서 수행할 수 있도록 과제를 제시하였다. 실제 일상 생활에서 겪게 되는 미션들이 제시되고 그것을 해결하는 과정에서 의사소통 기능들을 연습할 수 있게 구성하였다.

[5] Expression

본 단원의 기능과 관련된 확장 표현들을 제시하고 있다. 일상 생활에서 실제 사용되는 구어들이 많이 반영되어 좀 더 자연스러운 표현들을 사용할 수 있게 구성하였다.

[6] Reading

본 단원의 주제와 기능, 어휘, 문법이 포함된 읽기 텍스트를 제시하고 있다. 다양한 한국어 읽기 텍스트를 통해 한국에 관련된 지식과 정보를 학습하며 이해 능력을 향상시킬 수 있게 구성하였다.

[7] Writing

본 단원에 제시된 읽기와 연계되어 쓰기 능력을 향상시킬 수 있도록 다양한 쓰기 활동을 제시하고 있다. 글의 내용과 구조, 담화 지식을 학습하여 표현할 수 있도록 쓰기 과제로 제시하고 있다.

[9] Summary 정리해 봅시다

본 단원에서 학습한 내용들을 스스로 점검하는 단계이다. 해당 학습 항목들에 대한 내용을 질문을 통해 대답할 수 있게 제시하고 있다.

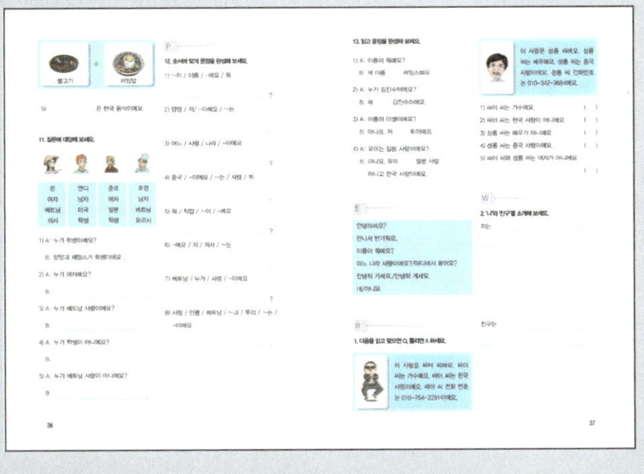

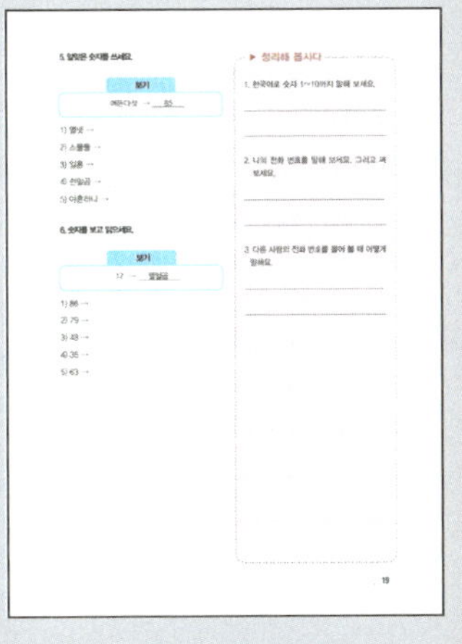

[10] 부록

부록은 다음과 같이 구성되어 있다.

❶ 듣기 지문 ❷ 정답

교재 구성

contents

단원 Chapter	제목 Title	어휘 Vocabulary	문법 Grammar
준비	말해봅시다.	p. 13 1. 인사 표현 2. 교실 표현 3. 가족 4. 숫자(한자어, 고유어)	
1과	한글	p. 20 1. 모음1 2. 자음1 3. 자음2 4. 모음2 5. 자음3 6. 모음3 7. 자음4 8. 받침1 9. 받침2 종합문제	
2과	안녕하세요?	p. 31 1. 나라/도시 2. 직업	p. 33 1. N이에요/예요 2. N은/는 3. N이/가 4. N이/가 아니에요 5. N와/과
3과	지우개가 책상 위에 있어요.	p. 39 1. 사물/위치	p. 41 1. N의 2. N도 3. N(장소/위치)에 4. 이/그/저 N
4과	지금 어디에 가요?	p. 46 1. 장소 2. 동사(1)/형용사(1)	p. 48 1. V/A-아요/어요/해요 2. N에 가다/오다 3. 'ㄷ' 불규칙

패턴 Pattern Exercise	표현 Expression	읽기 Reading	쓰기 Writing
p. 36 문장 만들기 조사 넣기	p. 37 인사표현	p. 37 소개하는 글	p. 37 소개하기
p. 44 그림에 맞는 단어 넣기	p. 44 지시대명사	p. 44 전단지	p. 45 방 묘사하기
p. 50 대화 순서 찾기 형태 바꾸기	p. 51 구어체	p. 51 지도	p. 51 가족, 친구 묘사하기

단원 Chapter	제목 Title	어휘 Vocabulary	문법 Grammar
5과	제주도에서 여행을 해요.	p. 52 1. 동사(2)/형용사(2)	p. 53 1. 안 V/A 2. V/A–지 않다 3. V/A–(으)세요 4. N(장소)에서 5. N에서(=한테) 6. 'ㅂ' 불규칙
6과	주말에 무엇을 했어요?	p. 59 1. 숫자 2. 시간 3. 날짜/요일	p. 60 1. N(시간)에 2. V/A–았/었/했– 3. V–고 4. N만
7과	모두 얼마예요?	p. 66 1. 단위명사	p. 67 1. N에게서(=한테서) 2. V–(으)세요 3. V–지 마세요 4. V/A–지만 5. N(으)로
8과	선생님께서 어디에 계십니까?	p. 72 1. 높임 표현	p. 73 1. V/A–ㅂ니까?/습니까? 2. V/A–ㅂ/습니다 3. V/A–(으)시– 4. N(시간)부터, N(시간)까지 5. V/A–겠– (의지) 6. 'ㄹ' 탈락
9과	서울에서 부산까지 어떻게 가요?	p. 79 1. 교통수단	p. 80 1. V/A–(으)ㄹ 거예요(계획) 2. N(으)로(수단) 3. N(장소)에서, N(장소)까지 4. V/A–아/어/해서(순서) 5. V–고 싶다

패턴 Pattern Exercise	표현 Expression	읽기 Reading	쓰기 Writing
p. 57 문장 순서 맞추기	p. 57 높임 표현	p. 57 생활문	p. 58 주말에 한 일 쓰기
p. 64 일정표 보고 말하기	p. 64 장소와 동사	p. 64 편지	p. 65 지난주 일과(블로그) 쓰기
p. 70 장소에서 해야 하는 일과 하지 말아야 하는 일 말하기	p. 70 가격 묻기	p. 70 하루 일과	p. 71 일기
p. 76 대화 완성하기	p. 77 약속하기	p. 77 홈페이지 고객센터	p. 77 형태 고쳐 쓰기
p. 85 '–고', '–아서/어서/해서' 채워 넣기	p. 85 길 묻기	p. 86 마인드맵	p. 86 여행 계획 쓰기

단원 Chapter	제목 Title	어휘 Vocabulary	문법 Grammar
10과	비가 와서 길이 많이 막혀요.	p. 88 1. 계절/날씨	p. 89 1. 'ㅡ' 탈락 2. V/A-아/어/해서 (이유) 3. 못 V, V-지 못하다 4. V-(으)러 가다/오다/다니다 5. V-고 있다
11과	영화도 보고 쇼핑도 할까요?	p. 95 1. 쇼핑	p. 96 1. N보다 2. A-(으)ㄴ N 3. V-(으)ㄹ까요? (청유) 4. V-아/어/해 주세요
12과	운동을 한번 해 보세요.	p. 102 1. 취미	p. 103 1. V/A-아/어/해 봤다(경험) 2. V/A-아/어/해 보세요(시도) 3. V/A-(으)ㄴ/는/(으)ㄹ N 4. V/A-(으)ㄹ 수 있다 5. N이나, V-거나
13과	기숙사에 돌아와서 연락할게요.	p. 110 1. 빈도 부사 2. 부사	p. 111 1. N 때문에 2. V-(으)ㄹ게요 3. V-기 전에 4. V-(으)ㄴ 후에 5. V/A-(으)ㄹ까요? (추측)

패턴 Pattern Exercise	표현 Expression	읽기 Reading	쓰기 Writing
p. 93 문장 연결하기	p. 93 날씨 표현	p. 93 이메일	p. 94 좋아하는 계절과 이유 쓰기
p. 99 빈칸에 알맞은 표현 넣어 대화 완성하기	p. 100 국가별 사이즈	p. 100 전단지	p. 101 쇼핑 장소와 이유 쓰기
p. 107 경험 말하기 관형형 형태 바꾸기	p. 108 취미 묻기	p. 108 심리테스트	p. 108 친구 설명하기
p. 114 ‘V-(으)ㄹ게요’와 ‘V-(으)ㄹ거예요’ 채워 넣기	p. 115 K-pop 배우기	p. 115 그림 보고 문장 완성하기	p. 116 하루 일정 쓰기

준비 말해 봅시다.

KEY POINT

1. 한국어로 인사할 수 있다.

   (O, X)

2. 한국어로 가족을 말할 수 있다.

   (O, X)

3. 한국어로 수를 말할 수 있다.

   (O, X)

4. 문법을 정리해 보세요.

   ① 인사 표현

   ② 교실 표현

   ③ 가족

   ④ 숫자

V1 인사 표현

1. 한국에서 어떻게 인사해요?
보기에서 알맞은 인사말을 찾아 말해 보세요.

보기

① 잘 먹었습니다.	⑥ 축하해요.
② 만나서 반가워요.	⑦ 고마워요.
③ 아니에요. 괜찮아요.	⑧ 미안해요.
④ 잘 먹겠습니다.	⑨ 안녕하세요?
⑤ 주말 잘 보내세요.	⑩ 안녕히 계세요.

1)

2)

3)

4)

5)

6)

7)

8)

2. 그림과 함께 인사말을 들어 보세요.
그리고 따라해 보세요.

1) 남: 안녕하세요?
여: 안녕하세요?

2) 여: 안녕히 가세요.
남: 안녕히 계세요.

3) 여: 주말 잘 보내세요.

4) 남1: 만나서 반갑습니다.
남2: 만나서 반가워요.

5) 여: 미안해요.
남: 아니에요. 괜찮아요.

6) 여: 축하해요.
남: 고마워요.

7) 여: 맛있게 드세요.
남: 잘 먹겠습니다.

8) 남: 잘 먹었습니다.

V2 교실 표현

<선생님>

책을 펴세요.
Please open your book.
请把书打开
本を 開いて ください
Mở cuốn sách của bạn.

책을 덮으세요.
Please close your book.
请把书合上
本を 閉じて ください
Bao gồm các cuốn sách.

따라하세요.
Repeat after me.
请跟我读
一緒に 読んで ください
Hãy làm theo.

10분 쉬세요.
Lets take a break for ten minutes.
休息10分钟
10分 やすみです
Thư giãn trong 10 phút.

보세요.
Please look at this.
请看这边
見て ください
Hãy xem.

쓰세요.
Please write.
请写
書いて ください
Viết.

읽으세요.
Please read.
请读
読んで ください
Đọc.

잘 들으세요.
Listen carefully.
请注意听
よく 聞いて ください
Nghe tốt.

크게 말하세요.
Speak loudly.
请大声说
大きな 声で 話して ください
Big nói.

대답하세요.
Please answer.
请回答
答えて ください
Hãy trả lời.

질문 있어요?
Do you have any questions?
有问题吗?
質問は ありますか?
Bạn có thắc mắc?

숙제입니다.
This is homework.
作业
宿題です
Một bài tập về nhà.

〈학생〉

알겠습니다.
I understand.
明白了
分かりました
Được rồi.

모르겠습니다.
I don't understand.
我不明白
分かりません
Tôi không biết.

쉬워요.
It's easy.
容易/简单
易しいです/簡単です
Thật dễ dàng.

어려워요.
It's difficult.
难/不简单
難しいです
Khó khăn.

무슨 뜻이에요?
What does it mean?
这个是什么意思?
どういう 意味ですか?
Ý anh là gì?

써 주세요.
Could you write that, please?
请写
書いて ください
Hãy viết.

천천히 말해 주세요.
Could you speak more slowly, please?
请慢点说
ゆっくり 話して ください
Xin vui lòng nói chậm hơn.

다시 말해 주세요.
Could you repeat that, please?
请您再说一遍
もう一度 話して ください
Cho tôi một lần nữa.

V3 가족 어휘

1. 다음 그림을 보고 알맞은 단어를 찾아 써 보세요.

보기

① 언니	② 외할아버지	③ 형
④ 여동생	⑤ 할아버지	⑥ 누나
⑦ 할머니	⑧ 남동생	⑨ 외할머니
⑩ 오빠	⑪ 아내	⑫ 아들

1)

2)

30살 27살 22살 19살

3)

28살 24살 20살 16살

4)

5)

2. 다음 문장을 읽고 알맞은 단어를 써 보세요.

① 아버지의 아버지는 (　　　　)입니다.

② 어머니의 아버지는 (　　　　)입니다.

③ 아버지의 어머니는 (　　　　)입니다.

④ 어머니의 어머니는 (　　　　)입니다.

⑤ 저는 여자입니다. 저는 언니의 (　　　　)입니다.

⑥ 저는 남자입니다. 저는 여동생의 (　　　　)입니다.

3. 다음 그림을 보고 알맞은 단어를 써 보세요.

우리 가족은 모두 8명입니다.
①______, ②______,
③______, ④______,
⑤______, ⑥______,
⑦______, ⑧______ 이 있습니다.

우리 가족은 모두 8명입니다.
①______, ②______,
③______, ④______,
⑤______, ⑥______,
⑦______ 입니다. 그리고 해피가 있습니다.

V4 숫자1

1. 다음을 잘 듣고 따라해 보세요.

0	1	2	3	4	5	6	7	8	9	10
영/공	일	이	삼	사	오	육	칠	팔	구	십

만	1	0	0	0	0	30,000 삼만
천		1	0	0	0	5,000 오천
백			1	0	0	200 이백
십				1	0	80 팔십
일					1	4 사
						35,284 삼만 오천 이백 팔 사

2. 언제 사용할까요? 다음 숫자를 읽어 보세요.

010-2495-1567

전화번호

버스 번호

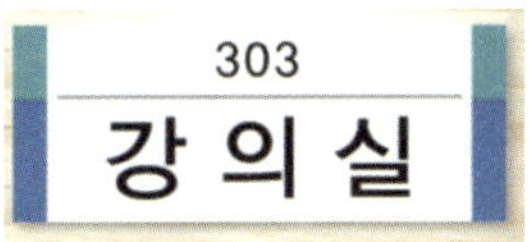

방 번호

시간

돈

날짜

3. 듣고 알맞은 숫자를 고르세요.

보기

이

①3 ❷2 ③7 ④1

1)	① 8	② 5	③ 6	④ 9
2)	① 16	② 25	③ 49	④ 62
3)	① 38	② 53	③ 73	④ 48
4)	① 130	② 271	③ 675	④ 195
5)	① 3400	② 2483	③ 3950	④ 2837

4. 듣고 알맞은 숫자를 쓰세요.

보기

육십 구 → 69

1) ________ 2) ________

3) ________ 4) ________

5) ________

5. 알맞은 숫자를 쓰세요.

보기

팔십 오 → 85

1) 십삼 → ________

2) 이십 육 → ________

3) 구십 칠 → ________

4) 이백 사십 일 → ________

5) 삼천 오백 칠십 사 → ________

6. 숫자를 보고 읽으세요.

보기

38 → 삼십 팔

1) 22 → ________

2) 83 → ________

3) 259 → ________

4) 3729 → ________

5) 6128 → ________

V4 숫자2

1. 다음을 잘 듣고 따라해 보세요.

0	1	2	3	4
영/공	하나 (한)	둘 (두)	셋 (세)	넷 (네)

5	6	7	8	9	10
다섯	여섯	일곱	여덟	아홉	열

10	20	30	40	50
열	스물	서른	마흔	쉰

60	70	80	90	100
예순	일흔	여든	아흔	백

2. 언제 사용할까요? 다음을 읽어 보세요.

나이

Q: 몇 살이에요?
A: 스물네 살이에요.

시간

Q: 몇 시예요?
A: 열두 시 십사 분이에요.

수량

Q: 사과가 몇 개예요?
A: 사과가 세 개 예요.

3. 듣고 알맞은 숫자를 고르세요.

보기

셋

① 1 ❷ 3 ③ 5 ④ 7

1) ① 2 ② 4 ③ 6 ④ 8

2) ① 13 ② 27 ③ 17 ④ 19

3) ① 34 ② 24 ③ 29 ④ 44

4) ① 78 ② 18 ③ 73 ④ 48

5) ① 65 ② 95 ③ 58 ④ 85

4. 듣고 알맞은 숫자를 쓰세요.

보기

예순둘 → 62

1) ____________ 2) ____________

3) ____________ 4) ____________

5) ____________

5. 알맞은 숫자를 쓰세요.

보기

여든다섯 → 85

1) 열넷 → ________
2) 스물둘 → ________
3) 일흔 → ________
4) 쉰일곱 → ________
5) 아흔하나 → ________

6. 숫자를 보고 읽으세요.

보기

17 → 열일곱

1) 86 → ________
2) 79 → ________
3) 48 → ________
4) 35 → ________
5) 63 → ________

▶ 정리해 봅시다

1. 한국어로 숫자 1~10까지 말해 보세요.

____

____

2. 나의 전화 번호를 말해 보세요. 그리고 써 보세요.

____

____

3. 다른 사람의 전화 번호를 물어 볼 때 어떻게 말해요.

____

____

01 한글

KEY POINT

1. 한국어 자음, 모음을 쓸 수 있다.

(O, X)

2. 한국어 자음, 모음을 읽을 수 있다.

(O, X)

3. 정리해 보세요.

① 모음1

아 어 오 우 으 이 에 애

② 자음 1

ㄱ ㄷ ㅂ ㅅ ㅈ

③ 자음 2

ㄴ ㄹ ㅁ ㅇ

④ 모음2

야 여 요 유 예 얘

⑤ 자음3

ㅋ ㅌ ㅍ ㅊ ㅎ

⑥ 모음3

와 워 위 왜 웨 의

⑦ 자음4

ㄲ ㄸ ㅃ ㅆ ㅉ

⑧ 받침1

[ㄴ] [ㄹ] [ㅁ] [ㅇ]

⑨ 받침2

[ㄱ] [ㄷ] [ㅂ]

V1 모음1 (아 어 오 우 으 이 에 애)

1. 읽어 보세요.

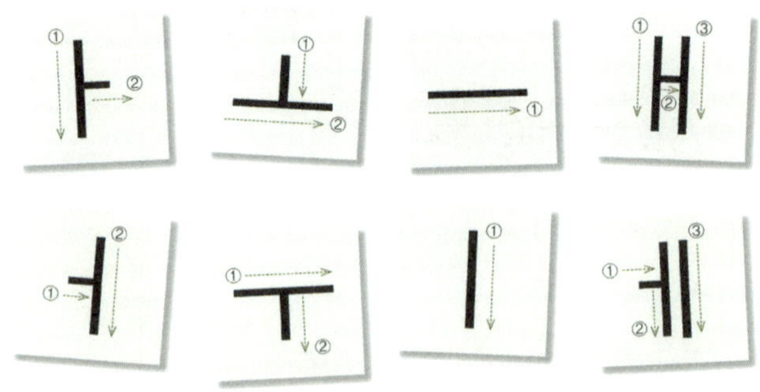

2. 써 보세요.

오					
이					
아이					
오이					

V1 자음1 (ㄱ ㄷ ㅂ ㅅ ㅈ)

1. 읽어 보세요.

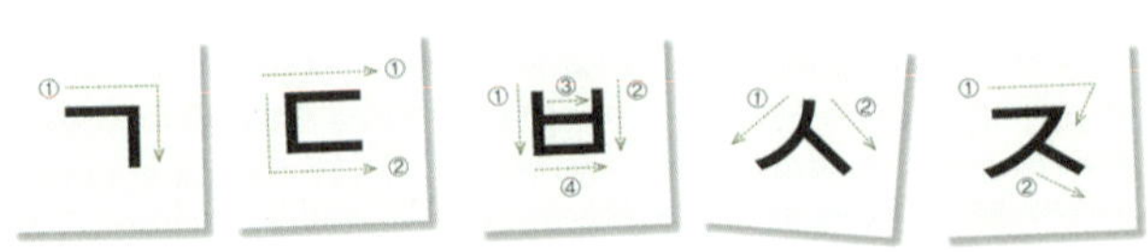

2. 써 보세요.

가구					
가게					
두부					
베개					
사자					
세수					
아버지					
지도					
지구					

V1 자음2 (ㄴ ㄹ ㅁ ㅇ)

1. 읽어 보세요.

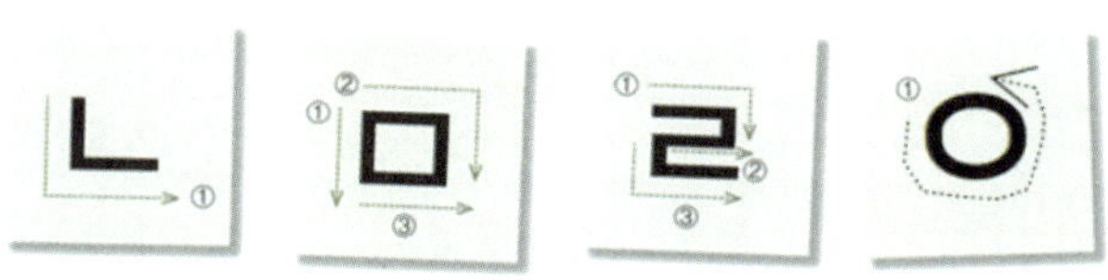

2. 써 보세요.

나비					
노래					
라디오					
머리					
모기					
아래					

V1 모음2 (야 여 요 유 예 얘)

1. 읽어 보세요.

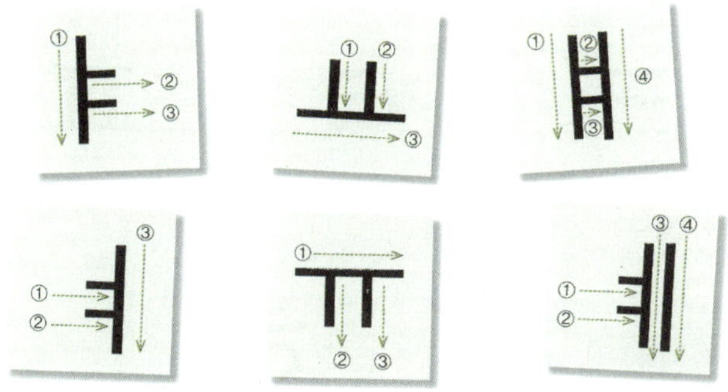

2. 써 보세요.

야구					
야자					
이야기					
여자					
여우					
벼					
요리					
비녀					
우유					
유리					
유자					
시계					

V1 자음3 (ㅋ ㅌ ㅍ ㅊ ㅎ)

1. 읽어 보세요.

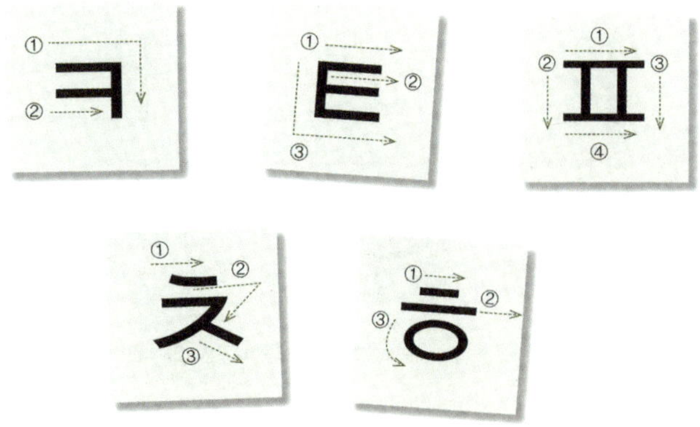

2. 써 보세요.

코트					
카메라					
커피					
토마토					
기타					
파리					
포도					
차					
초					
고추					
혀					
호두					

V1 모음3 (와 워 위 왜 웨 의)

1. 읽어 보세요.

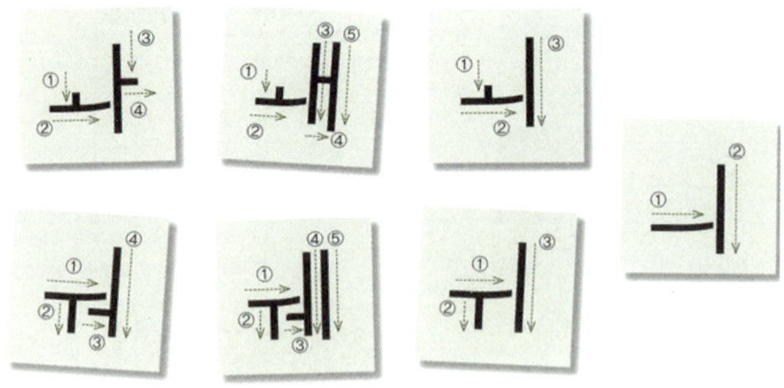

2. 써 보세요.

회의					
사과					
과자					
돼지					
의사					
의자					
샤워					
스웨터					
웨이터					

V1 자음4 (ㄲ ㄸ ㅃ ㅆ ㅉ)

1. 읽어 보세요.

ㄲ ㄸ ㅃ ㅆ ㅉ

2. 써 보세요.

까치					
토끼					
끄다					
허리띠					
따다					
머리띠					
아빠					
뽀뽀					
오빠					
싸다					
쓰다					
비싸다					
짜다					
찌개					
찌다					

V1 받침 1 ([ㄴ] [ㄹ] [ㅁ] [ㅇ])

1. 읽어 보세요.

안 암 알 앙

2. 써 보세요.

눈					
돈					
사진					
라면					
발					
팔					
교실					
과일					
밤					
잠					
사람					
김치					

공					
병					
빵					
사랑					

숲					
잎					

V1 받침 2 ([ㄱ] [ㄷ] [ㅂ])

1. 읽어 보세요.

악 앋 압

2. 써 보세요.

벽					
책					
밖					
부엌					
옷					
꽃					
솥					
히읗					
집					
입					

종합문제

V1 모음1 (아 어 오 우 으 이 에 애)

1. 다음을 듣고 그림에 알맞은 이름을 써 보세요.

1	2	3	4
5	2		
오			

ㅏ ㅣ ㅇ ㅗ ㅇ
ㅗ ㅣ
ㅇ ㅇ ㅣ ㅇ ㅏ

V1 자음1 (ㄱ ㄷ ㅂ ㅅ ㅈ)

2. 다음 그림을 보고 알맞은 이름을 써 보세요.

1)

①⋯› ②⋮	

2)

①⋯›		②⋮

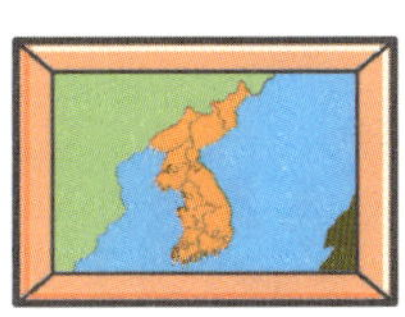

3. 다음 그림을 보고 알맞은 이름을 찾아 연결해 보세요.

1) 

• • 세수

2) 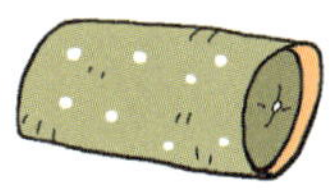 • • 베개

3)  • • 두부

4)  • • 사자

V1 자음2 (ㄴ ㄹ ㅁ ㅇ)

4. 다음을 듣고 그림에 알맞은 글자를 써 보세요.

1) 

비 ⋯⋯

2) 

노 ⋯⋯

3) 

아 ⋯⋯

4) 

기 ⋯⋯

5) 

⋯⋯⋯⋯

6) 

디 ⋯⋯ ⋯⋯

V1 모음2 (야 여 요 유 예 얘)

5. 다음 그림을 보고 알맞은 이름을 써 보세요.

1)

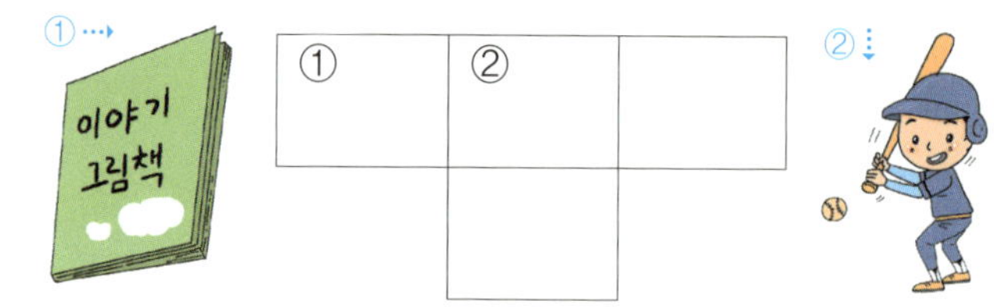

2)

3)

7)  ....

8)  ....

9)  ....

10)  ....

11)  ....

12)  ....

7. 위 그림의 이름을 아래에서 찾아 보세요.

후	다	호	지	도	추	파	리
고	타	두	치	차	바	토	아
코	트	파	두	가	초	유	미
가	구	고	추	키	다	토	휴
매	도	마	도	게	이	마	커
라	고	주	포	도	푸	토	피
허	혀	보	두	여	도	코	비
카	메	라	애	기	타	라	피

V1 자음3 (ㅋ ㅌ ㅍ ㅊ ㅎ)

6. 다음을 듣고 그림에 알맞은 이름을 써 보세요.

1)  ....

2)  ....

3)  ....

4)  ....

5)  ....

6)  ....

V1 모음3 (와 워 위 왜 웨 의)

8. 다음 그림을 보고 알맞은 이름을 써 보세요.

1)

2)

V1 자음4 (ㄲ ㄸ ㅃ ㅆ ㅉ)

9. 다음을 듣고 알맞은 이름을 고르세요.

1)  까치 가지 까지

2)  도끼 토끼 토기

3)  뽀뽀 보보 포포

4)  우빠 오바 오빠

5)  아바 아빠 아파

6)  지게 치깨 찌개

7)  허리띠 허니띠 허리디

8)  머리디 머리티 머리띠

10. 다음 그림에 알맞은 것을 〈보기〉에서 찾아 써 보세요.

보기

따다 끄다 싸다 쓰다
짜다 찌다 비싸다

1) 

2) 

3) 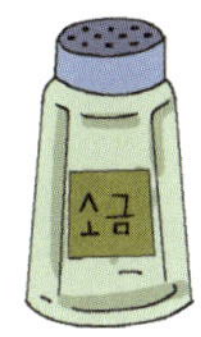

4) 

5) 

6) 

7) 

V1 받침 1 ([ㄴ] [ㄹ] [ㅁ] [ㅇ])

11. 다음을 듣고 받침이 다른 것을 고르세요.

1)

2)

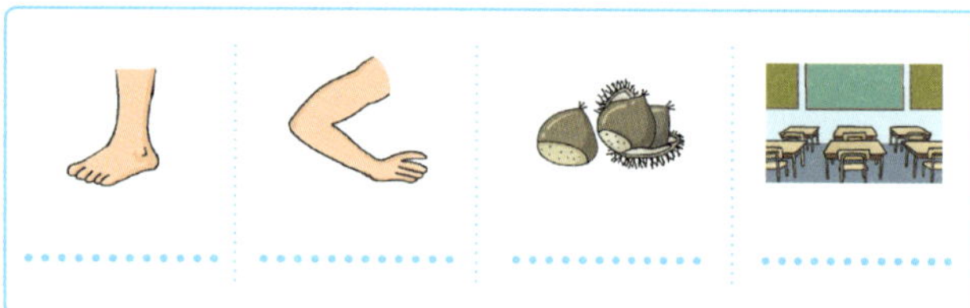

3)

4)

5)

V1 받침 2 ([ㄱ] [ㄷ] [ㅂ])

12. 다음 그림에 알맞은 것을 고르세요.

1) 

①(　　)　②(　　)　③(　　)　④(　　)

2) 

①(　　)　②(　　)　③(　　)　④(　　)

3) 

①(　　)　②(　　)　③(　　)　④(　　)

4) 

①(　　)　②(　　)　③(　　)　④(　　)

5) 

①(　　)　②(　　)　③(　　)　④(　　)

6) 

①(　　)　②(　　)　③(　　)　④(　　)

R

13. 다음 간판을 보고 한국어를 소리 내어 읽어 보세요.

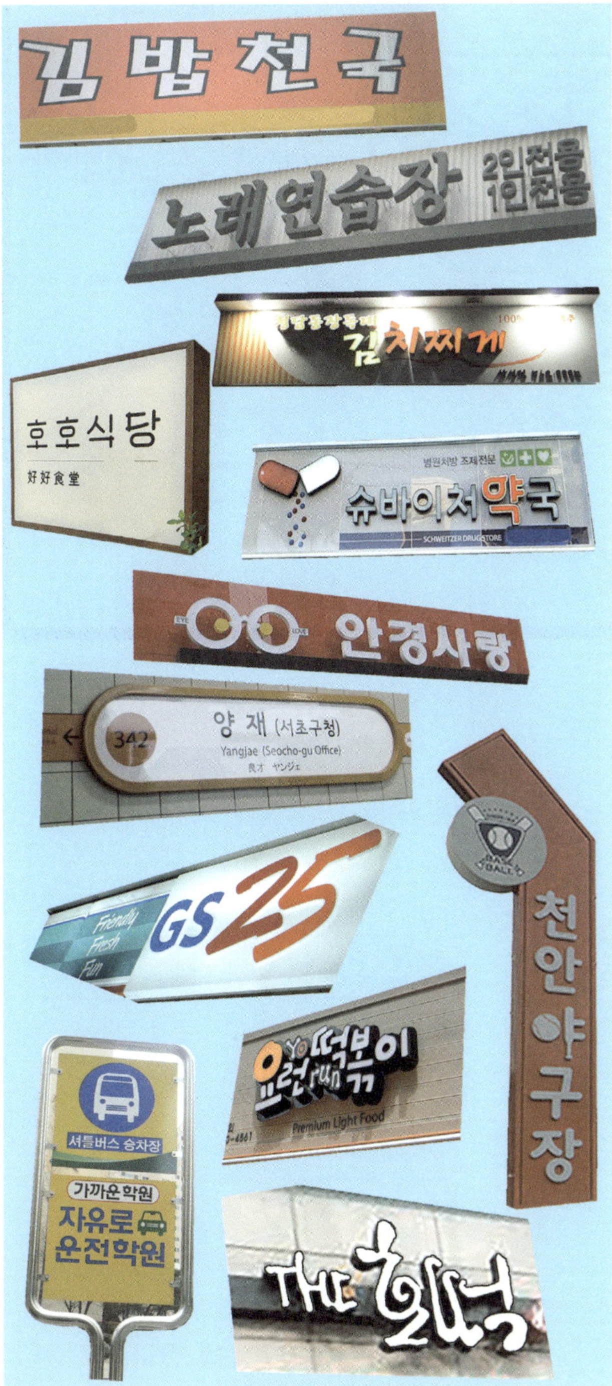

14. 다음은 한국의 지하철 노선도입니다. 읽어 보세요.

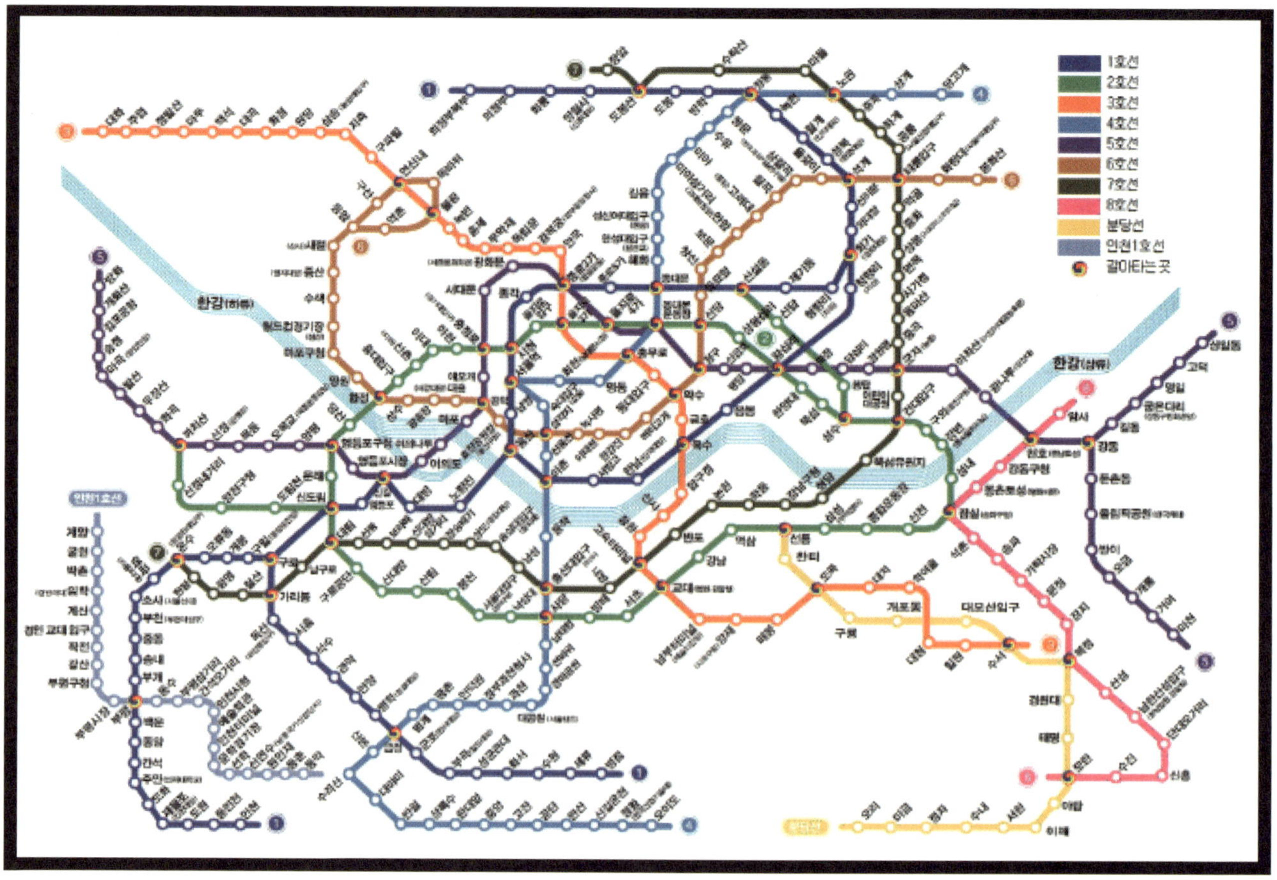

W

15. 친구에게 컴퓨터와 휴대 전화로 메시지를 보내 보세요.

안녕하세요? 오늘 날씨가 좋아요. 지금 뭐 해요?

▶ 정리해 봅시다

1. 자기 이름과 가족의 이름을 써 보세요.

---

2. 친구의 이름을 읽어 보세요.

---

3. 자신의 나라와 고향 이름을 한국어로 써 보세요.

---

02 안녕하세요?

KEY POINT

1. 한국어로 인사를 할 수 있다. (O, X)

2. 국적, 직업을 묻고 대답할 수 있다. (O, X)

3. 문법을 정리해 보세요.

① N이에요/예요

유미예요.
N 받침X
준이에요.
N 받침 O

② N은/는

저는 유미예요.
N 받침X
제 이름은 준이에요.
N 받침 O

③ N이/가

전화번호가 뭐예요/
N 받침X
이름이 뭐예요?
N 받침 O
한국 사람이 아니에요.
N 이/가 아니에요
↔ 한국 사람이에요

④ N와/과 N

유미와 영호는 친구예요.
N 받침X N
이름과 국적이 뭐예요?
N 받침 O N

V1 나라/도시

1. 다음을 듣고 빈칸에 알맞은 것을 써 보세요.

1) 한 ☐

2) 일 ☐

3) 브 ☐ 질

4) 러 ☐☐

5) 나 ☐☐☐ 아

2. 다음 국기를 보고 빈칸에 알맞은 나라 이름을 써 보세요.

㉠ ㉡ ㉢ ㉣ ㉤

1) ㉠ – ☐ 국

2) ㉡ – 호 ☐

3) ㉢ – 베 ☐☐

4) ㉣ – 사우 ☐☐☐☐ 아

5) ㉤ – ☐ 국

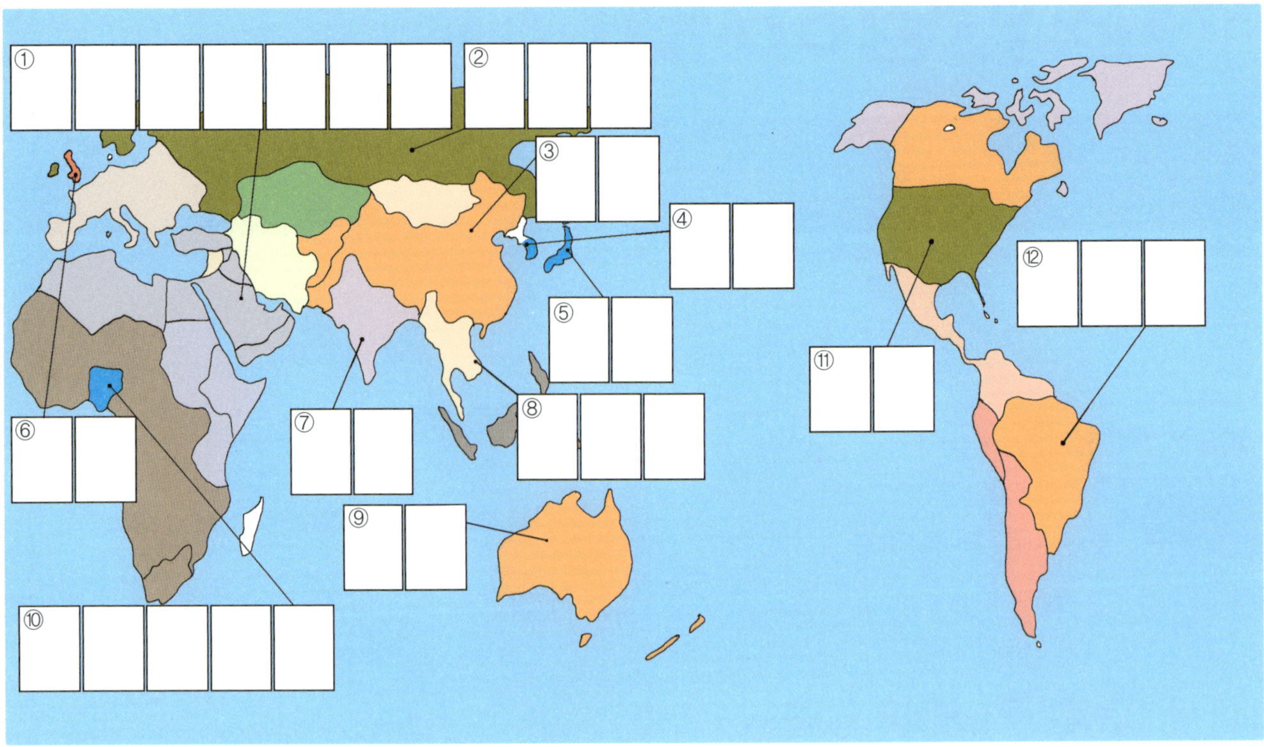

3. 위 지도를 보고 알맞은 나라 이름을 써 보세요.

4. 다음 나라와 도시를 알맞게 연결해 보세요.

1)	한국	• •	도쿄
2)	중국	• •	서울
3)	일본	• •	워싱턴
4)	미국	• •	베이징
5)	호주	• •	캔버라

V2 직업

5. 다음 그림을 보고 알맞은 것을 찾아 써 보세요.

학생	요리사	의사	경찰관
주부	회사원	선생님	가수

1) 

______

2) 

______

3) 

______

4) 

______

5) 

______

6) 

______

7) 

______

8) 

______

G1 N이에요/예요

1. 바꿔 보세요.

받침 O

선생님 ➡

미국 사람 ➡

받침 X

친구 ➡

남자 ➡

1) 남자(이에요/예요)

2) 선생님(이에요/예요)

2. 질문에 대답해 보세요.

1) A: 일본 사람이에요?

B: 네, 저는 일본 사람이에요.

2) A: 학생이에요?

B: 네, ______________________.

3) A: 이름이 뭐예요?

B: ______________________.

4) A: 직업이 뭐예요?

B: ______________________.

5) A: 전화번호가 뭐예요?

B: ______________________.

G2 N은/는

3. 바꿔 보세요.

받침 O

직업 ➡

선생님 ➡

받침 X

저 ➡

친구 ➡

1) 저(은/는) 베트남 사람이에요.

2) 선생님(은/는) 한국 사람이에요.

4. 그림을 보고 문장을 완성해 보세요.

1)

박재상 씨는 한국 사람이에요.

박재상 씨는 가수예요.

2)

마리아 ....

마리아 ....

3)

준코 ....

준코 ....

4)

칸 ....

칸 ....

5)

왕밍 ....

왕밍 ....

G3 N이/가

5. 바꿔 보세요.

받침 O

연필 ➡

선생님 ➡

받침 X

전화 ➡

지우개 ➡

1) 연필(이/가) 있어요?

2) 지우개(이/가) 없어요.

6. 읽고 문장을 완성해 보세요.

1) ________________ 한국 사람이에요?(선생님)

2) ________________ 중국에서 왔어요.(친구)

3) ________________ 누구예요?(라이언 씨)

4) ________________ 어디예요?(교실)

5) ________________ 책상이에요.(저것)

G4 N이/가 아니에요

7. 바꿔 보세요.

받침 O

학생 ➡

중국 사람 ➡

받침 X

의사 ➡

여자 ➡

1) 저는 학생(이 아니에요/가 아니에요).

2) 친구는 의사(이 아니에요/가 아니에요).

8. 질문에 대답해 보세요.

1)

A: 양양 씨는 일본 사람이에요?

B: 아니요, 저는 <u>일본 사람이 아니에요.</u>

저는 중국 사람이에요.

2)

A: 미나 씨는 의사예요?

B: 아니요, 미나 씨는 ________________.

미나 씨는 가수예요.

3)

A: 빵이에요?

B: 아니요, ______________

______________.

밥이에요.

4)

A: 커피예요?

B: 아니요, ______________

______________.

우유예요.

5)

A: 연필이에요?

B: 아니요, ______________

______________.

지우개예요.

G5 N와/과

9. 바꿔 보세요.

받침 O

양양 ➡

선생님 ➡

받침 X

저 ➡

사과 ➡

1) 양양(와/과) 유나는 여자예요.

2) 저(와/과) 수단은 한국 사람이 아니에요.

10. 그림을 보고 문장을 완성해 보세요.

1) 사과와 포도는 과일이에요.

2) ______________ 는 여자예요.

3) ______________ 은 음식이에요.

4) ______________ 는 미국 사람이에요.

5) ________________은 한국 음식이에요.

11. 질문에 대답해 보세요.

란	앤디	준코	흐엉
여자	남자	여자	남자
베트남	미국	일본	베트남
의사	학생	학생	요리사

1) A: 누가 학생이에요?

B: 양양과 제임스가 학생이에요 .

2) A: 누가 여자예요?

B: ________________________________.

3) A: 누가 베트남 사람이에요?

B: ________________________________.

4) A: 누가 학생이 아니에요?

B: ________________________________.

5) A: 누가 베트남 사람이 아니에요?

B: ________________________________.

P

12. 순서에 맞게 문장을 완성해 보세요.

1) ~이 / 이름 / –예요 / 뭐

________________________________?

2) 양양 / 저/ –이에요 / ~는

________________________________.

3) 어느 / 사람 / 나라 / –이에요

________________________________?

4) 중국 / –이에요 / ~는 / 사람 / 저

________________________________.

5) 뭐 / 직업 / ~이 / –예요

________________________________?

6) –예요 / 저 / 의사 / ~는

________________________________.

7) 베트남 / 누가 / 사람 / –이에요

________________________________?

8) 사람 / 민꽝 / 베트남 / ~과 / 투이 / ~는 / –이에요

________________________________.

13. 읽고 문장을 완성해 보세요.

1) A: 이름이 뭐예요?

B: 제 이름 ______ 제임스예요.

2) A: 누가 김진수이에요?

B: 제 ______ 김진수이에요.

3) A: 이름이 미셸이에요?

B: 아니요, 저 ______ 투이예요.

4) A: 유미는 일본 사람이에요?

B: 아니요, 유미 ______ 일본 사람 ______ 아니고 한국 사람이에요.

E

안녕하세요?

만나서 반가워요.

이름이 뭐예요?

어느 나라 사람이에요?/어디에서 왔어요?

안녕히 가세요./안녕히 계세요.

네/아니요

R

1. 다음을 읽고 맞으면 O, 틀리면 X 하세요.

이 사람은 싸이 씨예요. 싸이 씨는 가수예요. 싸이 씨는 한국 사람이에요. 싸이 씨 전화 번호는 010-754-2291이에요.

이 사람은 성룡 씨예요. 성룡 씨는 배우예요. 성룡 씨는 중국 사람이에요. 성룡 씨 전화번호는 010-342-3684예요.

1) 싸이 씨는 가수예요. ( )

2) 싸이 씨는 한국 사람이 아니에요. ( )

3) 성룡 씨는 배우가 아니에요. ( )

4) 성룡 씨는 중국 사람이에요. ( )

5) 싸이 씨와 성룡 씨는 여자가 아니에요. ( )

W

2. '나'와 '친구'를 소개해 보세요.

저는 ______________________

____

____

____

____

친구는 ______________________

____

____

____

▶ 정리해 봅시다

(1) 한국어 인사 표현을 써 보세요.

(2) 나의 국적을 말해 보세요.

(3) 알고 있는 국가 이름을 써 보세요.

(4) 나의 이름을 써 보세요.

예 김경은

성　　이름

(5) 다른 사람의 이름을 물을 때 어떻게 말해요?

03 지우개가 책상 위에 있어요.

KEY POINT

1. 생활에서 자주 사용하는 사물의 이름을 말할 수 있다. (O, X)

2. 사물이 어디에 있는지 위치를 말할 수 있다. (O, X)

3. 문법을 정리해 보세요.

① N의

누구의 가방이에요?

N 받침x

준의 휴대 전화예요.

N 받침 o

내 책이에요.

나+의=내 저+의=제

너+의=네

② N도

저는 한국 사람이에요. 선생님도 한국 사람이에요.

N 받침 o

가방 안에 책도 있어요. 노트도 있어요.

N 받침x

③ N(장소/위치)에

은행이 어디에 있어요?

N

선생님이 교실에 있어요.

N

④ 이/그/저 N

이 가방은 누구의 가방이에요?

N

그 가방은 유미코의 가방이에요.

N

저 책도 유미코의 책이에요.

N

V1 사물

1. 다음 그림을 보고 이름을 써 보세요.

텔레비전

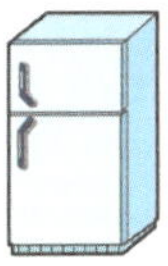
냉장고

카메라

충전기

지갑

돈

옷

안경

화장품

빗

거울

휴지

열쇠

필통

2. 다음 그림을 보고 이름을 써 보세요.

1) ① 지갑 ______ 2) ______

3) ______ 4) ______

5) ______ 6) ______

7) ______ 8) ______

9) ______ 10) ______

3. 다음 그림을 보고 알맞은 글자를 ○ 해 보세요.

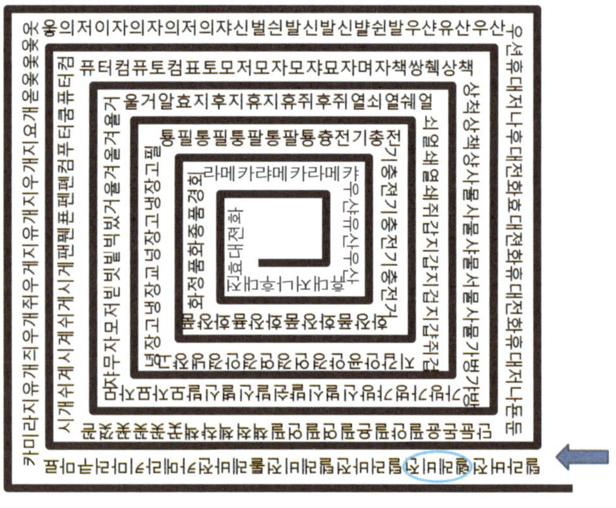

V2 위치

4. 다음 그림을 보고 문장을 완성해 보세요.

1) 인형이 책상 ____에 있어요.

2) 인형이 의자 ____에 있어요.

3) 인형이 가방 ____에 있어요.

4) 인형이 쓰레기통 ____에 있어요.

5) 인형이 시계와 꽃병 ____에 있어요.

5. 다음을 듣고 어디에 있는지 써 보세요.

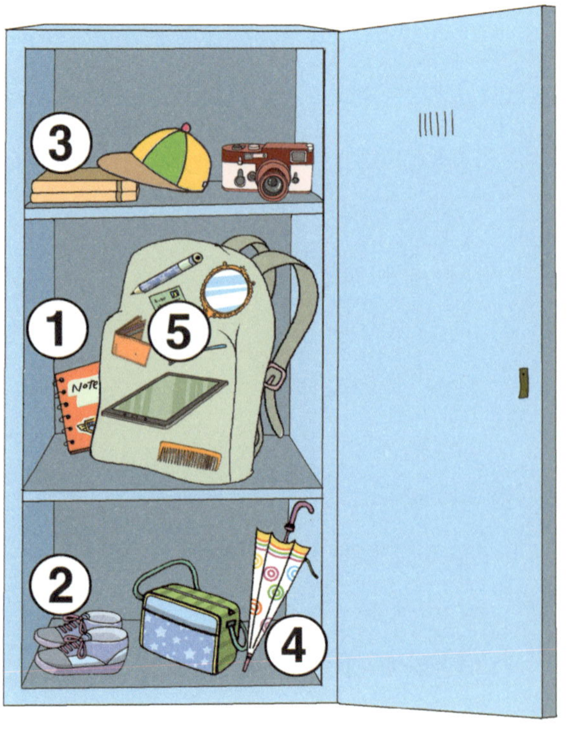

1) 노트가 ____________________

2) 신발이 ____________________

3) 책이 ____________________

4) 우산이 ____________________

5) 지갑이 ____________________

G1 N의

1. 바꿔 보세요.

받침 O

누구 ➡

엄마 ➡

받침 X

샘 ➡

선생님 ➡

1) 샘(   ) 가방이에요.

2) 엄마(   ) 신발이에요.

2. 그림을 보고 문장을 완성해 보세요.

1) A: 누구의 화장품이에요?

B: ____________________.

2) A: 누구의 지갑이에요?

B: 민 ____________________.

3) A: ____________________.

B: 아빠의 안경이에요.

4) A: ____________________.

B: 민의 휴대폰이에요.

5) A: ____________________?

B: ____________________.

G2 N도

3. 바꿔 보세요.

받침 O

이것 ➡

연필 ➡

받침 X

지우개 ➡

사과 ➡

1) 이것은 의자예요. 저것(   ) 의자예요.

2) 책이 없어요. 지우개(   ) 없어요.

4. 읽고 문장을 완성해 보세요.

이/가	은/는	도	의

보기 교실에 학생(이) 있어요. 선생님(도) 있어요.

1) 저( ) 미국 사람이에요. 토마스( ) 미국 사람이에요.
2) 책상( ) 있어요. 창문( ) 있어요.
3) 아버지( ) 회사원이에요. 어머니( ) 회사원이에요.
4) 양양( ) 한국 사람( ) 아니에요. 중국 사람이에요.
5) A: 이것( ) 뭐예요?
   B: 이것( ) 컴퓨터예요.
6) A: 그것( ) 누구( ) 책이에요?
   B: 이것( ) 미나 씨( ) 책이에요.

G3 N(장소/위치)에

5. 바꿔 보세요.

받침 O

책상 ➡

교실 ➡

받침 X

어디 ➡

학교 ➡

1) 가방이 교실( ) 있어요.
2) 학교( ) 학생이 없어요.

6. 다음 그림을 보고 알맞은 것을 고르세요.

1) 시계가 교실에 (있어요 / 없어요).
2) 침대가 교실에 (있어요 / 없어요).
3) 창문이 교실에 (있어요 / 없어요).
4) 컴퓨터가 교실에 (있어요 / 없어요).
5) 선생님이 교실에 (있어요 / 없어요).

7. 다음 그림을 보고 문장을 완성해 보세요.

1) 가방이 책상 ________에 있어요.
2) 공이 책상 ________에 있어요.
3) 우산이 책상 ________에 있어요.
4) 나무가 방 ________에 있어요.

5) 창문이 책상 ________에 있어요.

6) 의자가 책상 ________에 있어요.

7) 책이 컵 _____ 시계 ________에 있어요.

8) 책이 책상 ________에 있어요.

G5 이/그/저 N

8. 다음 그림을 보고 문장을 완성해 보세요.

1) A: ________이 뭐예요?
B: ________은 우산이에요.

1) A: ________이 뭐예요?
B: ________은 우산이에요.

1) A: ________이 뭐예요?
B: ________은 우산이에요.

9. 알맞은 것을 써 보세요.

1)
A: 이것이 뭐예요?
B: 이것은 ________.

2)
A: _____ 뭐예요?
B: _____은 ________.

3)
A: ________?
B: ________.

4)
A: 저것이 옷이에요?
B: 네, ________.

5)
A: 이것이 사과예요?
B: 아니요, ________.
________.

6)
A: 이것이 뭐예요?
B: _____은 ________.
________.

10. 대화를 듣고 알맞은 것을 찾아 보세요.

1)

①  ________

②  ________

③  ________

2)

① 

____

② 

____

③ 

____

P

11. 다음 그림을 보고 대화를 완성하세요.

1)
A: ___ 책은 영어책이에요?
B: 아니요. ______ 은 영어 사전이에요.

2)
A: _____ 열쇠는 뭐예요?
B: _____ 은 자동차 열쇠예요.

3)
A: _____ 가방은 영미 씨 가방이에요?
B: 아니요. _____ 가방은 제 것이 아니에요.

4)
A: 손님, _____ 가방이 손님 가방입니까?
B: 네, 감사합니다.

E

사물 → 것
책
가방
펜
시계

이것 / 그것 / 저것

이것이 뭐예요?
그것이 뭐예요?
저것이 뭐예요?

이것은 책이에요.
그것은 가방이에요.
저것은 시계예요.

=

이게 뭐예요?
___ 뭐예요?
___ 뭐예요?

이건 책이에요.
___ 가방이에요.
___ 시계예요.

장소 → 곳
학교
교실
집

이곳 ___ 교실이에요.
그곳 ___ 식당이에요.
저곳 ___ 학교예요.

=

여기는 교실이에요.
거기는 식당이에요.
저기는 학교예요.

사람 → 분
어머니
아버지
오빠
언니

이분 ___ 어머니예요.
그분 ___ 아버지예요.
저분 선생님이에요.

___ =

이 사람은 동생이에요.
___ 친구예요.
___ 언니예요.

A: 이것은/이건 한국어로 뭐예요?

B: 이것은/이건 _______이에요./예요.

R

1. 다음 전단지를 읽고 그림에 맞는 것을 고르세요.

A	B	C
아파트	**오피스텔**	**원룸**
방 2, 침대 1.	큰 방1, 옷장	방1, 욕실1
소파, 옷장, 책상이	책상, 의자 2	침대, 책상, 의자가
있어요.		있어요.
50만원/월	45만원/월	30만원

2. 다음 문장이 어느 전단지에 맞는지 써 보세요.

1) 방이 2개 있어요. (A)

2) 침대가 없어요. (   )

3) 소파와 책상이 있어요. (   )

4) 의자가 2개 있어요. (   )

5) 옷장이 없어요. (   )

W

2. 다음 그림을 보고 물건의 위치가 어디에 있는지 써 보세요.

▶ 정리해 봅시다

(1) 여러분의 지갑 안에는 무엇이 있어요? 써 보세요.

(2) 여러분의 부모님은 지금 어디에 있어요? 말해 보세요.

(3) 여러분의 방에 있는 물건이 어디에 있는지 말해 보세요.

04 지금 어디에 가요?

KEY POINT

1. 장소를 이야기할 수 있다. (O, X)

2. 행동의 움직임과 상태를 말할 수 있다. (O, X)

3. 문법을 정리해 보세요.

① V/A —아요/어요/해요

날씨가 좋아요.

사과를 먹어요.

한국어를 공부해요.

② N에 가다/ 오다

학교에 가요.

집에 와요.

③ ㄷ 불규칙

닫다 + 아요 → 닫아요 (규칙)

받다 + 아요 → 받아요

듣다 + 어요 → 들어요 (불규칙)

걷다 + 어요 → 걸어요

V1 장소

1. 다음 그림을 보고 알맞은 것을 고르세요.

1) 

으냉 은행✔ 응행 운행

2) 

커피숍 커피솝 코피숍 커피숖

3) 

편이점 펀이점 편의점 편의첨

4) 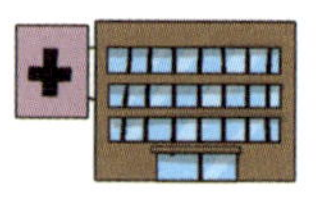

벙원 병언 평원 병원

5) 

경잘서 경찰소 경차서 경찰서

6) 

우체극 우체국 우제국 오체국

7) 

서점 서첨 소점 서정

8) 

궁원 공언 공원 고원

9) 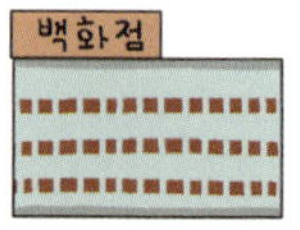

배카점 배화점 백하점 백화점

10) 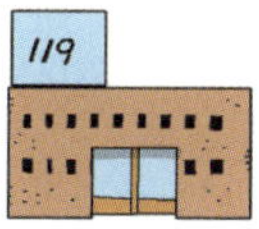

수방서　소방소　서방서　소방서

11) 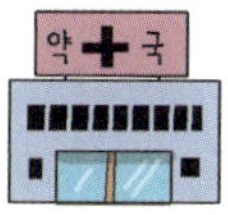

약꾹　약국　약구　약궄

12) 

뭉구점　문고점　문구점　문구정

2. 다음 그림을 보고 알맞은 장소를 써 보세요.

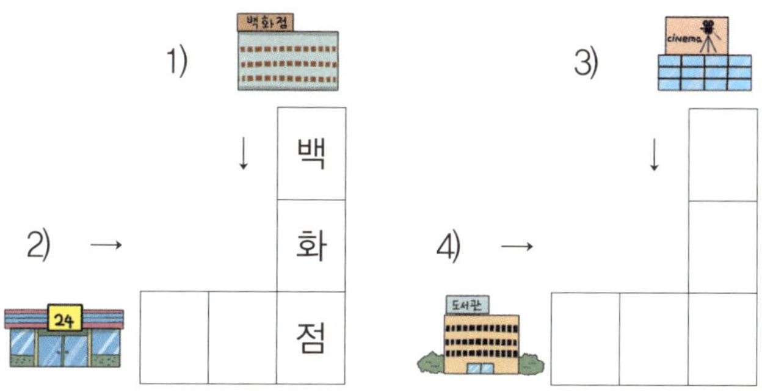

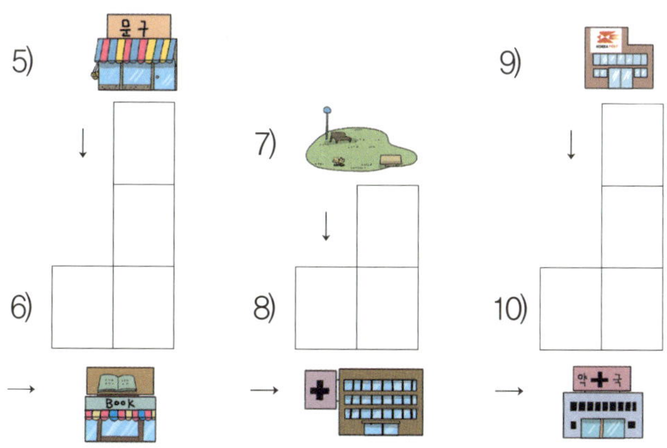

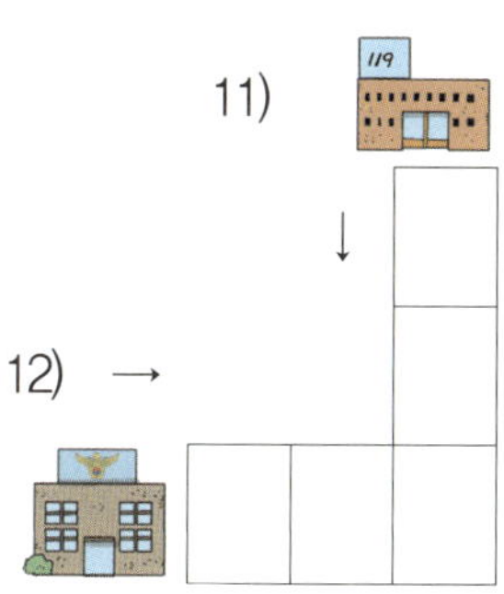

V2 동사(1)/형용사(1)

3. 다음 그림을 보고 알맞은 것을 찾아 써 보세요.

동사	가다	먹다	마시다
	보다	만나다	읽다
	듣다	받다	걷다
	닫다	공부하다	좋아하다
형용사	맛있다	예쁘다	재미있다
	친절하다		

1) 

______

2) 

______

3) 

______

4) 

______

5) 

______

6) 

______

7)  ______

8)  ______

9)  ______

10)  ______

11)  ______

12)  ______

13)  ______

14)  ______

15)  ______

16)  ______

G1 V/A-아요/어요/해요

1. 바꿔 보세요.

ㅏ, ㅗ → O

가다 ➡

좋다 ➡

ㅏ, ㅗ → X

먹다 ➡

맛있다 ➡

-하다

공부하다 ➡

친절하다 ➡

1) 사과를 (먹아요/ 먹어요/ 먹해요).

2) 날씨가 (좋아요/ 좋어요/ 좋해요).

3) 한국어를 (공부하요/ 공부허요/ 공부해요).

2. 〈보기〉에서 알맞은 말을 찾아 문장을 완성해 보세요.

보기				
	읽다	가다	먹다	
	재미있다	친절하다	만나다	맛있다

1) A: 뭐 해요?

B: 사과를 먹어요.

2) A: 사과가 어때요?

B: 사과가 ______.

3) A: 뭐 해요?

B: 책을 ______________.

4) A: 책이 어때요?

B: 책이 ______________.

5) A: 뭐 해요?

B: 친구를 ______________.

6) A: 친구가 어때요?

B: 친구가 ______________.

G2 N에 가다/오다

3. 바꿔 보세요.

N에 가요/와요

한국 ➡	학교 ➡
식당 ➡	기숙사 ➡

4. 다음 그림을 보고 문장을 완성해 보세요.

1) 마리 씨가 <u>커피숍에 가요</u>.

2) 마리 씨가 ______________.

3) 마리 씨가 ______________.

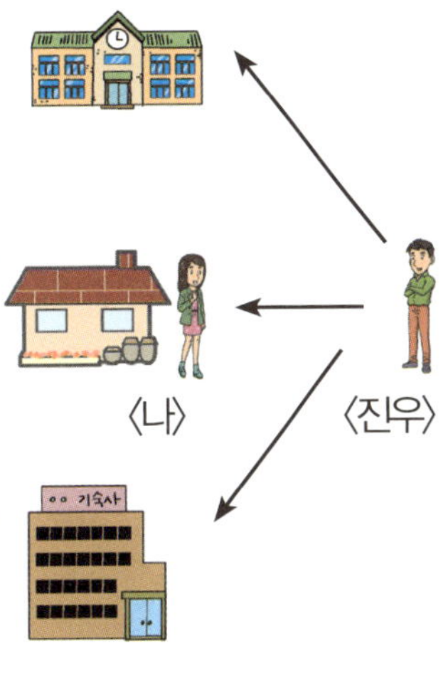

4) 진우 씨가 ______________.

5) 진우 씨가 ______________.

6) 진우 씨가 ______________.

5. 다음 그림을 보고 문장을 완성해 보세요.

1)

A: 어디에 가요?

B: <u>식당에 가요</u>.

2)

A: 어디에 가요?

B: ______________.

3)

A: 어디에 가요?

B: ______________.

4)

A: 크리스 씨가 어디에 가요?

B: ______________.

5)

A: 첸첸 씨가 어디에 가요?

B: ______________.

6)

A: 흐엉 씨와 란 씨가 어디에 가요?

B: ______________.

G3 ㄷ 불규칙

6. 바꿔 보세요.

규칙

받다 ➡

닫다 ➡

불규칙

듣다 ➡

걷다 ➡

1) 문을 (닫아요/달아요).

2) 음악을 (듣어요/들어요).

7. 읽고 문장을 완성해 보세요.

1)
A: 지영 씨가 뭐 해요?

B: 지영 씨가 꽃을 받아요.

2)
A: 왕영 씨가 뭐 해요?

B: 왕영 씨가 ________ ________.

3)
A: 아사코 씨가 뭐 해요?

B: 아사코 씨가 ________ ________.

4)
A: 저 사람이 뭐 해요?

B: 저 사람이 ________ ________.

P

8. 다음을 순서에 맞게 대화를 만들어 보세요.

㉮ 뭐 해요?

㉯ 어때요?

㉰ 여보세요?

㉱ 네, 마이클 씨.

㉲ 어디에 있어요?

㉳ 김밥과 떡볶이를 먹어요.

㉴ 김밥과 떡볶이가 아주 맛있어요.

㉵ 저는 민수 씨랑 식당에 있어요.

㉰ → ___ → ___ → ___ → ___ → ___ → ___ → ___

9. 빈칸에 알맞은 말을 써 보세요.

유나는 노래를 1) ______ (듣다). 유나는 한국 노래를 2) ______ (좋아하다). 양양은 한국 드라마를 3) ______ (보다). 한국 드라마 4) ______ 너무 5) ______ (재미있다).

사치코의 동생 6) ______ 사치코는 같이 명동 7) ______ 가요.

사치코 8) ______ 동생이 쇼핑 9) ______ 아주 10) ______ (좋아하다). 구두 11) ______ 옷을 12) ______. (사다).

E

여보세요?

어디예요? (= 어디에 있어요?)

뭐 해요? (= 무엇을 해요?)

어디가요? (= 어디에 가요?)

R

1. 다음 그림을 보고 빈칸에 알맞은 장소를 써 보세요.

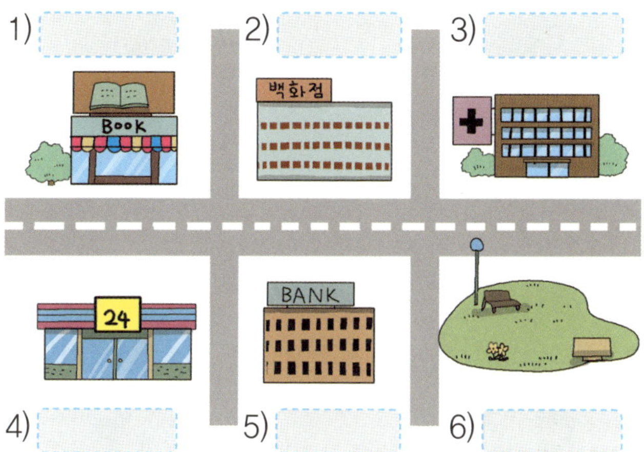

2. 다음을 읽고 그림에 이름을 쓰세요.

저는 우미예요. 저는 기숙사에 있어요. 저는 지금 영화를 봐요. 영화가 아주 재미있어요. 칸 씨는 기숙사 앞 공원에 있어요. 칸 씨는 지금 책을 읽어요. 마리아 씨는 칸 씨 옆에 있어요. 마리아 씨는 커피를 마셔요. 커피가 맛있어요. 첸첸 씨는 기숙사에 있어요. 첸첸 씨는 지금 우유를 마셔요.

W

3. '나'와 '친구' 또는 '가족'이 무엇을 해요?

저는 ______________________

▶ 정리해 봅시다

1. 한국에서 전화를 받을 때 어떻게 말해요?

2. 매일 무엇을 해요?
   저는 매일 ______________ .

3. 매일 어디에 가요?
   저는 매일 ______________ .

4. 우리 동네에 무엇이 있어요? 그려 보세요.

05 제주도에서 여행을 해요.

KEY POINT

1. 반대말을 말할 수 있다.

(O, X)

2. 존대 표현을 말할 수 있다.

(O, X)

3. 문법을 정리해 보세요.

① [부정]

i) 안 V/A

저는 오늘 회사에 안 가요.

저는 커피를 안 좋아해요.

ii) V/A-지 않다

저는 오늘 회사에 가지 않아요.

저는 커피를 좋아하지 않아요.

기숙사 방은 춥지 않아요.

② V/A-(으)세요 : 높임

아버지께서 신문을 읽으세요.

어머니께서 회사에 가세요.

③ N(장소)에서

교실에서 한국어를 공부해요.

제임스 씨가 식당에서 밥을 먹어요.

④ N에게(=한테)

저는 친구에게 전화를 해요.

저는 선생님께 이메일을 보내요.

④ ㅂ 불규칙

입다 + -어요 → 입어요 (규칙)

잡다 + -아요 → 잡아요

덥다 + -어요 → 더워요 (불규칙)

돕다 + -아요 → 도와요

V1 동사/형용사(2)

1. 다음 그림을 보고 알맞은 반대말을 써 보세요.

1)

입다

____

주다

____

보내다

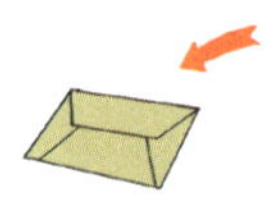
____

사다

____

가르치다

____

질문하다

____

2)

뜨겁다

____

덥다

____

따뜻하다

______

길다

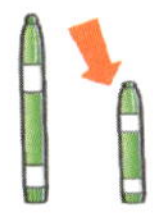
______

쉽다

______

무겁다

______

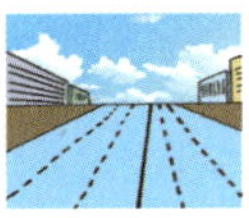
넓다

______

2. 질문에 대답해 보세요.

1) A: 지금 신문을 읽어요?

B: 아니요, 신문을 안 읽어요. 책을 읽어요.

2) A: 도서관에 사람이 많아요?

B: 아니요, ______. 조금 있어요.

3) A: 지금 빵을 먹어요?

B: 아니요, ______. 라면을 먹어요.

4) A: 친구를 만나요?

B: 아니요, ______. 공부를 해요.

5) A: 교실이 추워요?

B: 아니요, ______. 따뜻해요.

G1 안 V/A

1. 바꿔 보세요.

받침 O

먹다 ➡

읽다 ➡

많다 ➡

받침 X

가다 ➡

사다 ➡

크다 ➡

1) 오늘은 한국어를 (안 공부해요 / 공부 안 해요).

2) 저는 과일은 (안 좋아해요 / 좋아 안 해요).

G2 V/A-지 않다

3. 바꿔 보세요.

받침 O

앉다 ➡

춥다 ➡

받침 X

마시다 ➡

조용하다 ➡

1) 저는 커피를 (마셔지 않아요 / 마시지 않아요).

2) 기숙사 방은 (춥지 않아요 / 추워지 않아요).

4. 다음을 읽고 '안 V'를 'V-지 않다'로 고쳐 보세요.

저는 요즘 한국어를 배워요. 우리 반에 친구들이 많아요. 우리 반 선생님은 안 무서워요. 아주 친절해요. 수산나 씨는 술을 안 마셔요. 메리 씨는 키가 크지 않아요. 하지만 눈이 아주 커요. 왕명 씨는 자주 학교에 안 와요. 흐엉 씨는 매일 숙제를 안 해요. 그래서 왕명 씨와 흐엉 씨는 선생님과 상담해요.

↓

G3 V/A-(으)세요

5. 바꿔 보세요.

받침 O

읽다 ➡

*먹다 ➡

*있다 ➡

받침 X

보다 ➡

*마시다 ➡

*자다 ➡

1) 아버지께서 신문을 (읽으세요/읽세요).

2) 어머니께서 드라마를 (보으세요/보세요).

3) 할머니께서 빵을 (먹으세요/드세요).

4) 할아버지께서 공원에 (있으세요/계세요).

6. 그림을 보고 틀린 곳을 고쳐 보세요.

1)

① 집에 아버지와 어머니께서 있어요. ② 동생도 있어요. ③ 어머니는 옷을 정리해요. ④ 아버지께서는 할머니께 전화를 해요. ⑤ 동생은 주무세요.

①

②

③

④

⑤

2)

오늘은 크리스마스예요. ① 집에 아버지와 어머니가 있어요. ② 저와 오빠께서도 있어요. ③ 어머니는 편지를 써요. ④ 오빠는 숙제를 하세요. ⑤ 아버지께서는 상자를 정리하세요.

① ______________________

② ______________________

③ ______________________

④ ______________________

⑤ ______________________

G4 N에서

7. 바꿔 보세요.

받침 O

서점 ➡

백화점 ➡

받침 X

학교 ➡

제주도 ➡

1) 서점에서 (커피를 마셔요/책을 사요).

2) 백화점에서 (쇼핑을 해요/운동을 해요).

8. 질문에 대답해 보세요.

1) A: 어디에서 밥을 먹어요?

B: 학생식당에서 밥을 먹어요.

2) A: 어디에서 친구를 만나요?

B: ______________________.

3) A: 어디에서 운동을 해요?

B: ______________________.

4) A: 어디에서 통장을 만들어요?

B: ______________________.

5) A: 어디에서 영화를 봐요?

B: ______________________.

9. 다음을 읽고 맞은 것은 ○, 틀린 것은 X 하세요.

1) 커피숍에 친구를 만나요. ( )

2) 백화점에서 옷을 사요. ( )

3) 기숙사에 살아요. ( )

4) 학교에 공부해요. ( )

5) 우체국에 가요. ( )

6) 영화관에서 영화를 봐요. ( )

7) 도서관에 책을 읽어요. ( )

8) 친구가 한국에 와요. ( )

G5 N에게(=한테)

10. 바꿔 보세요.

받침 O

동생 ➡

선생님 ➡

받침 X

친구 ➡

할아버지 ➡

※ 할아버지, 할머니, 아버지, 어머니 등 나보다 나이가 많은 사람에게는 '께'를 사용해요.

1) 저는 동생(에게/한테/께) 선물을 줘요.

2) 저는 할아버지(에게/한테/께) 편지를 써요.

11. 그림을 보고 문장을 완성해 보세요.

1) 

지원 씨가 준 씨에게 꽃을 줘요.

2) 

____
__________.

3) 

____
__________.

4) 

____
__________.

5) 

____
__________.

G6 ㅂ불규칙

12. 바꿔 보세요.

규칙

입다 ➡

잡다 ➡

좁다 ➡

불규칙

덥다 ➡

쉽다 ➡

고맙다 ➡

돕다 ➡

1) 저는 매일 치마를 (입어요/이워요).

2) 여름에 날씨가 아주 (덥어요/더워요).

3) 친구가 한국어 공부를 (돕아요/도와요/도워요).

13. 질문에 대답해 보세요.

1) A: 김치를 좋아해요?

B: 아니요, 김치는 너무 매워요.

2) A: 기숙사 방이 좋아요?

B: ____________________.

3) 가방이 무거워요?

B: ____________________.

4) A: 제주도가 어때요?

B: ____________________.

5) A: 한국어 공부가 어때요?

B: ____________________.

P

14. 순서에 맞게 문장을 완성해 보세요.

1) 가요/~에/도서관/~에/수업 후

____________________?

2) 아니요/가요/~에/도서관/~는/안/저

____________________.

3) 백화점/왜/~에/가요/주말/~에

____________________?

4)~에서/친구/~을/생일/백화점/사요/선물

____________________.

5) 방학/~에/고향/가요/~에

____________________?

6) 오세요/부모님/~에/한국/~께서/아니요

____________________.

7) ~가/한국어/어때요/공부

____________________?

8) 하지만/조금/재미있어요/어려워요

____________________.

E

먹다 → 드시다

마시다 → 드시다

자다 → 주무시다

있다 → 계시다

없다 → 안 계시다

R

※ 다음 글을 읽고 물음에 답하세요.

저는 주말에 사치코와 같이 인사동에 가요. 인사동에는 가게가 많아요. 먼저, 우리는 선물 가게에 가요. 저는 거기에서 부모님과 여동생의 선물을 사요. 사치코는 옷 가게에서 코트를 사요. 저는 코트가 있어요. 그래서 코트를 사지 않아요. 쇼핑 후에 우리는 배가 고파요. 그래서 식당에 가요. 우리는 식당에서 불고기를 먹어요. 불고기가 맛있어요. 그리고 커피숍에 가요. 저는 커피를 안 좋아해요. 그래서 주스를 마셔요. 사치코는 커피를 마셔요.

1. 우리는 어디에 갔어요? 순서대로 쓰세요.

인사동: (　　) → (　　) → (　　) → (　　)

2. 글의 내용과 맞으면 O, 틀리면 X 하세요.

1) 저는 부모님과 같이 인사동에 가요. (　)

2) 저는 옷 가게에서 여동생의 선물을 사요. (　)

3) 우리는 인사동에서 불고기를 먹어요. (　)

4) 저는 커피숍에서 주스를 마셔요. (　)

5) 사치코는 커피를 좋아하지 않아요. (　)

W

3. 여러분은 주말에 무엇을 해요?

▶ 정리해 봅시다

(1) 5과에서 배운 동사/형용사의 반대말을 써 보세요.

예 입다 ↔

(2) 다른 사람의 계획을 물을 때 어떻게 말해요?

(3) 방학에 친구가 무엇을 해요? 이야기해 보세요.

(4) 부모님을 소개해 보세요.

(5) 한국어 공부가 어때요? 이야기해 보세요.

06 주말에 무엇을 했어요?

KEY POINT

1. 시간, 날짜, 요일을 말할 수 있다. (O, X)

2. 과거표현을 말할 수 있다. (O, X)

3. 문법을 정리해 보세요.

① N에 : 시간

8시에 아침을 먹어요.

주말에 뭐해요?

② [과거 표현] V/A -았/었/했-

주말에 친구를 만났어요.
V 만나다 + -았-

어제 저녁에 피자를 먹었어요.
V 먹다 + -었-

카페에서 한국어를 공부했어요.
V 공부하다 + -였- → -했-

③ V/A고

i) 나열

칼리드는 키가 크고 친절해요.
A 크다 + -고

ii) 순서

영화를 보고 밥을 먹어요.
V 보다 + -고

④ N만

저만 인도 사람이에요.
N

아침에 우유만 마셔요.
N

N에만, N에서만

주말에 집에만 있었어요.
N 받침 O

준이는 도서관에서만 공부해요.
N

V1 숫자

1. 다음 그림을 보고 숫자를 읽고 써 보세요.

___ ___ ___ ___ ___

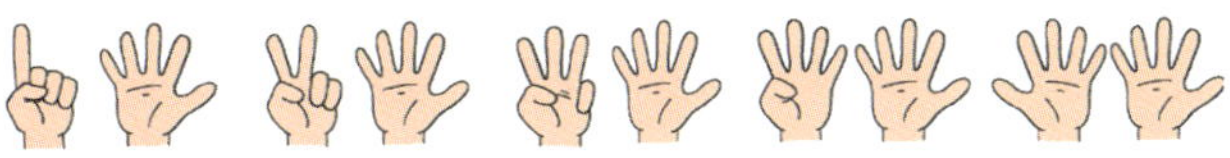

___ ___ ___ ___ 열

2. 다음을 듣고 숫자를 써 보세요.

1) ______ 2) ______

3) ______ 4) ______

V2 시간

3. 다음 그림을 보고 이름을 써 보세요.

1) 열한 시 (정각) 2) ______

3) ______ 4) ______

5) ______ 6) ______

7) ______ 8) ______

4. 다음 시계를 보고 시간을 말해 보세요.

Q : 지금 몇 시예요?

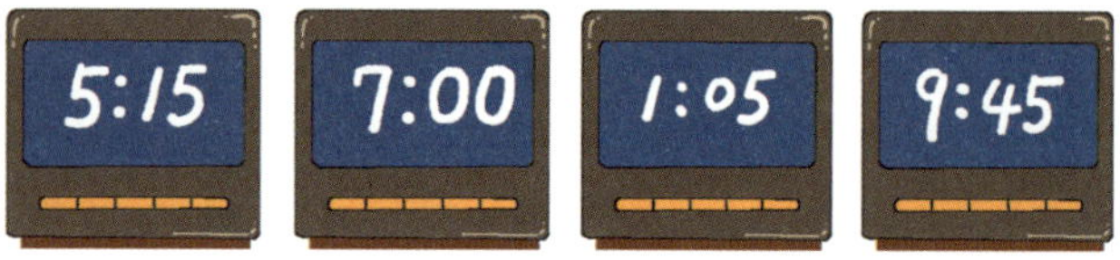

1) ______ 2) ______ 3) ______ 4) ______

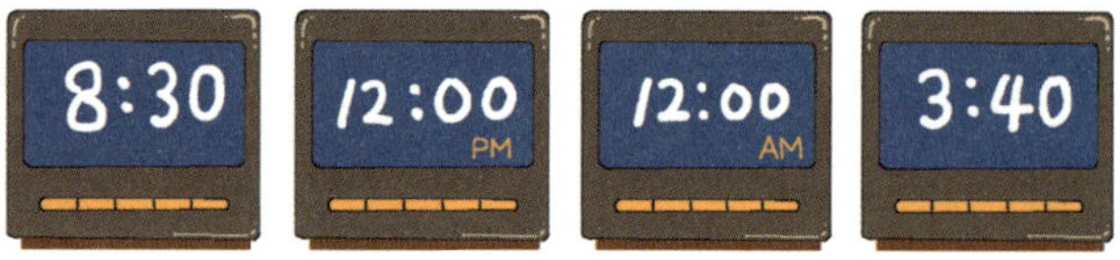

5) ______ 6) ______ 7) ______ 8) ______

V3 날짜/요일

5. 다음 빈칸에 알맞은 단어를 써 보세요.

1) 일월 [   ] 삼월 사월

2) 칠월 팔월 구월 [   ]

3) 삼월 오월 칠월 [   ]

4) 삼월 [   ] 구월 십이월

5) 월요일 [   ] 수요일 목요일

6) 금요일 토요일 [   ] 월요일

6. 다음을 듣고 질문에 대답해 보세요.

세 사람은 특별한 날에 대해 이야기합니다.

특별한 날은 언제인가요?

1) 사라 ______, ______

2) 왕다이 ______

3) 푸제준 ______

7. 상은의 생일 달력입니다. 생일이 언제인지 문장을 완성해 보세요.

생일 달력

엄마 8.6

다니엘 10.10

미셀 6.22

선생님 5.15

동즈 12.24

1) 엄마의 생신은 팔월 육일이에요.

2) ______.

3) ______.

4) ______.

5) ______.

G1 N에

1. 바꿔 보세요.

받침 O

주말 ➡

목요일 ➡

받침 X

8시 ➡

다음 주 ➡

1) 8시(　　) 일어나요.

2) 목요일(　　) 회의가 있어요.

2. 달력을 보고 문장을 완성해 보세요.

4월

일요일	월요일	화요일	수요일	목요일	금요일	토요일
			1	2	3	4
5	6 오늘	7 강남/아르바이트	8 학교/수업	9 회의	10	11 친구(12시)
12 운동	13 학교/시험	14 강남/아르바이트	15 학교	16 회의	17 영화	18 친구
19 운동	20	21 강남/아르바이트	22	23 회의	24 영화	25

1) A: 언제 아르바이트를 해요?

　B: 화요일에 아르바이트를 해요.

2) A: 언제 운동을 해요?

　B: ______________________.

3) A: 영화는 언제 봐요?

　B: ______________________.

4) A: 친구는 언제, 몇 시에 만나요?

　B: ______________________.

5) A: ______________________?

　B: ______________________.

G2 V/A-았/었/했-

3. 바꿔 보세요.

ㅏ, ㅗ → O : -았어요

가다 ➡

오다 ➡

ㅏ, ㅗ → X : -었어요

먹다 ➡

배우다 ➡

-하다 : -했어요

공부하다 ➡

운동하다 ➡

1) 어제 저녁 12시에 집에 (갔어요 / 겄어요).

2) 주말에 불고기를 (먹았어요 / 먹었어요).

3) 커피숍에서 한국어를 (공부하었어요 / 공부하았어요 / 공부했어요).

4. 다음 표에 알맞은 과거형을 써 보세요.

동사	-았/었/했-	형용사	-았/었/했-
보다		싸다	
자다		비싸다	
사다		높다	
읽다	읽었어요	낮다	
마시다		맛있다	
배우다		맛없다	
말하다	말했어요	많다	
쇼핑하다		적다	
질문하다		작다	
대답하다		길다	
노래하다		짧다	
청소하다		멋있다	
* 듣다		* 예쁘다	
* 돕다		* 덥다	

5. 상은이가 지난주에 한 일입니다. 문장을 완성해 보세요.

월요일	
오전	산책(강아지랑)
오후	
저녁	전화(부모님)
화요일	
오전	
오후	아르바이트(커피숍)
저녁	
수요일	
오전	요가(사라랑)
오후	
저녁	동아리
목요일	
오전	아르바이트(커피숍)
오후	교수님 상담
저녁	
금요일	
오전	
오후	시험공부(사라와 같이)
저녁	컴퓨터 사기

1) 저는 강아지와 같이 월요일 아침에 산책했어요.

2) ____________________.

3) ____________________.

4) ____________________.

5) ____________________.

6) ____________________.

7) ____________________.

8) ____________________.

G3 V/A-고

6. 바꿔 보세요.

받침 O

먹다 ➡

많다 ➡

받침 X

끝나다 ➡

크다 ➡

1) 한국어 수업이 (　　) 집에 가요.

2) 우리 선생님은 키가 (　　) 멋있어요.

7. [보기]와 같이 알맞은 것을 찾아 보세요.

보기	친구하고 이야기를 (하고/했고) 한국어를 공부했어요.

1) 왕웨이는 키가 (커고/크고) 멋있어요.

2) 제 동생은 밥을 (먹고/먹어고) 차를 마셨어요.

3) 한국어를 (공부하고/공부해고) 텔레비전을 봐요.

4) 친구하고 사진을 (찍었고/찍고) 명동에서 쇼핑을 했어요.

5) 저는 중국 (사람이고/사람고) 제 친구는 미국 사람이에요.

8. 사라의 지난 주말 이야기입니다. 잘 듣고 알맞는 그림을 찾아보세요.

① 

____

② 

____

③ 

____

④ 

____

G5 N만

9. 바꿔 보세요.

받침 O

과일 ➡

공책 ➡

받침 X

친구 ➡

커피 ➡

1) 저는 커피(   ) 마셔요.

2) 주말에 책(   ) 읽었어요.

10. 다음 문장에 알맞은 것을 써 보세요.

만 에만 에서만 에게만 께만

1) 이 약은 저녁____ 드세요.

2) 이 화장품은 한국____ 팔아요.

3) 제임스가 양양____ 꽃을 선물해요.

4) 우리 반 선생님____ 편지를 썼어요.

5) 수단 씨는 주말에도 집____ 있어요.

6) 저는 아침____ 공원에서 운동을 해요.

7) 수업 시간에 계속 핸드폰 게임____ 해요.

8) 아주머니, 좀 비싸요. 천 원 ____ 깎아 주세요.

9) 다른 사람한테는 이메일을 보내고, 미선 씨 ____ 편지를 보냈어요.

10) 이 음식은 다른 나라에서는 안 먹어요. 한국 ____ 이 음식을 먹어요.

P

11. 유미의 지난주 일정입니다. 일정을 보고 이야기 해 보세요.

Monday	Tuesday	Wednesday
경영학개론 읽기✔ 과제준비✔	도서관 책조사✔ 3:00발표그룹미팅✔	태권도레슨 6:30✔ 교수님상담 2:00✔ 과제준비✔
Thursday	**Friday**	**Saturday**
생일파티(당다이) 7:00✔ 케이크준비 6:00✔ 온라인강의듣기 10:30✔	영화(사라랑)✔ 쇼핑(신발,모자)✔	과제준비: 미팅 11:00✔ 엄마에게 전화✔
		Sunday
		집청소, 빨래✔ 과제완성✔ 운동✔

1) 일요일에 집 청소를 하고 빨래했어요.

2) 월요일에 ______________.

3) 유미는 ______________.

4) 유미는 ______________.

5) 목요일에는 ______________.

6) ______________.

7) ______________.

E

1. 어디에서 무엇을 했어요? 이야기해 보세요.

장소

놀이공원	한강
경복궁	수원역
인사동	청계천
동대문	강남
홍대	남산
이태원	삼청동

동사

시험공부를 하다	여행을 가다	쇼핑을 하다
구경을 하다	요리를 하다	청소를 하다
파티를 하다	사진을 찍다	놀이기구를 타다
그림을 그리다	도서관에 가다	운동을 하다
한복을 입다	피아노를 배우다	선물을 사다
산책을 하다	편지를 쓰다	드라마를 보다
콘서트에 가다	데이트를 하다	술을 마시다
치킨을 먹다	케이크를 만들다	영화를 보다

Q : 어디에서 무엇을 했어요?

A : 한강에서 치킨을 먹었어요. 맛있었어요.

R

1. 다음을 읽고 맞으면 O, 틀리면 X 하세요.

선생님께

저와 당다이는 지난 주말에 제주도에 도착했어요. 날씨가 너무 좋았어요.

월요일에 제주 한라산을 올라갔어요. 꼭대기까지 4시간이 걸렸어요. 너무 피곤했어요.

어제는 바다에서 수영을 했어요. 해물 라면을 먹었어요. 선생님도 라면을 꼭 먹어 보세요.

선생님, 방학 끝나고 만나요.

안녕히 계세요.

완팅 드림

1) 누가 엽서를 썼습니까? ( )

2) 방학을 어디에서 보냅니까? ( )

3) 누구에게 보내는 엽서입니까? ( )

4) 한라산에는 언제 갔습니까? ( )

5) 한라산 꼭대기까지 몇 시간이 걸렸습니까? ( )

6) 제주도에서 무엇을 먹었습니까? ( )

W

2. 세아의 블로그입니다. 문장을 읽고 완성해 보세요.

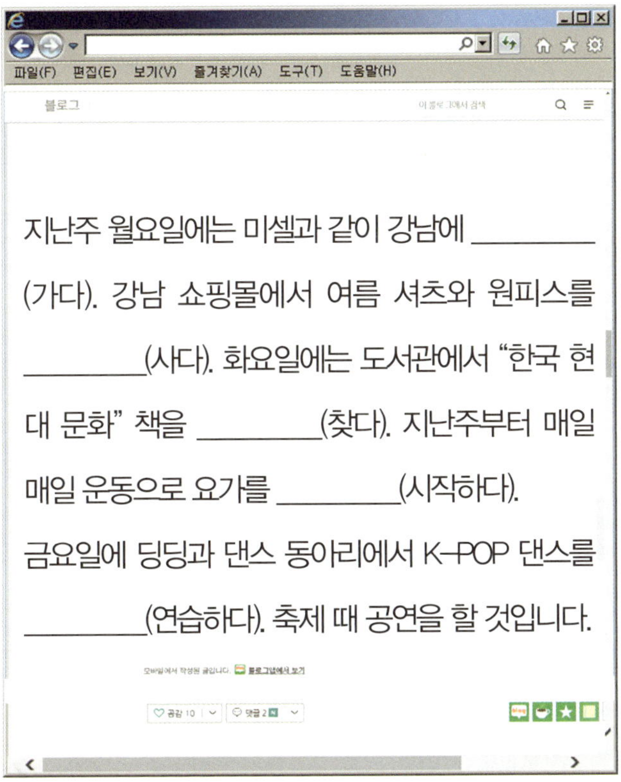

지난주 월요일에는 미셸과 같이 강남에 ________ (가다). 강남 쇼핑몰에서 여름 셔츠와 원피스를 ________(사다). 화요일에는 도서관에서 "한국 현대 문화" 책을 ________(찾다). 지난주부터 매일 매일 운동으로 요가를 ________(시작하다).
금요일에 딩딩과 댄스 동아리에서 K-POP 댄스를 ________(연습하다). 축제 때 공연을 할 것입니다.

3. 여러분은 지난주에 무엇을 했습니까? 세아의 블로그에 쓴 글처럼 써 보세요.

지난주

▶ 정리해 봅시다

(1) 오늘은 몇 월 며칠이에요?

(2) 여러분이 오늘 한 일을 시간 순으로 말해 보세요.

(3) 지난 주말에 무엇을 했어요? 말해 보세요.

07 모두 얼마예요?

KEY POINT

1. 가격을 묻고 답할 수 있다. (O, X)

2. 명사에 알맞은 단위 명사를 말할 수 있다. (O, X)

3. 문법을 정리해 보세요.

① N에게서 (=한테서)

마리아 씨가 남자친구에게서 꽃을 받아요.

= 남자친구가 마리아 씨에게 꽃을 줘요.

교수님께서 피터에게 책을 주세요.

② V/A-(으)세요 : 명령, 요청

여러분, 모두 의자에 앉으세요.

한국어를 열심히 공부하세요.

③ V-지 마세요 : 금지, 경고

수업 시간에 전화하지 마세요.

도서관에서 음식을 먹지 마세요.

④ V/A-지만

저는 한국어를 잘 하지만 언니는 한국어를 못해요.

저는 키가 작지만 언니는 키가 커요.

⑤ N(으)로 : 방향

이 비행기는 제주도로 가요.

수업 후에 도서관으로 오세요.

여기에서 오른쪽으로 가세요.

V1 단위 명사

1. 다음 그림을 보고 빈칸에 알맞은 말을 써 보세요.

1) A: 사과가 있어요?
   B: 네, 사과가 ________ 있어요.

2) A: 콜라가 있어요?
   B: 네, 콜라가 ________ 있어요.

3) A: 책이 있어요?
   B: 네, 책이 ________ 있어요.

4) A: 신발이 있어요?
   B: 네, 신발이 ________ 있어요.

5) A: 고양이가 있어요?
   B: 네, 고양이가 ________ 있어요.

6) A: 커피가 있어요?
   B: 네, 커피가 ________ 있어요.

7) A: 꽃이 있어요?
   B: 네, 꽃이 ________ 있어요.

8) A: 사람이 있어요?
   B: 네, 사람이 ________ 있어요.

G1 N에게서 = 한테서

1. 바꿔 보세요.

받침 O
동생 ➡
선생님 ➡

받침 X
친구 ➡
제임스 ➡

1) 란 씨는 제임스(에게서/한테서/께) 꽃을 받아요.

2) 저는 선생님(에게서/한테서/께) 전화를 받았어요.

2. 그림을 보고 문장을 완성해 보세요.

1)

제임스 란

A: 란 씨가 뭐 해요?
B: 란 씨가 제임스에게서 꽃을 받아요.

2)

트엉 왕영

A: 왕영 씨가 뭐 해요?
B: 왕영 씨가 ____________.

3)

양양 아사코

A: 아사코 씨가 뭐 해요?
B: 아사코 씨가 ____________.

4)

교수님 피터

A: 피터 씨가 뭐 해요?
B: 피터 씨가 ____________.

3. 다음 문장을 보고 알맞게 바꿔 써 보세요.

1) 제임스가 란에게 꽃을 줘요.
= 란이 ____________________.

2) 트엉이 왕영에게 질문을 해요.
= 왕영이 ____________________.

3) 양양이 아사코에게 전화를 해요.
= 아사코가 ____________________.

4) 교수님께서 피터에게 책을 주세요.
= 피터가 ____________________.

G2 V-(으)세요

4. 바꿔 보세요.

받침 O
입다 ➡
앉다 ➡

받침 X
가다 ➡
보다 ➡

1) 의자에 (앉으세요/앉세요).

2) 책을 (보으세요/보세요).

5. 문장을 완성해 보세요.

1) 선생님: 칸 씨, 의자에 __________.
학　생: 네, 선생님.

2) 선생님: 마리아 씨, 칠판을 __________.
학　생: 네, 선생님.

3) 선생님: 준 씨, 이제 집에 ________.

학　생: 네, 선생님.

4) 선생님: 여러분, CD를 잘 ________.

학　생: 네, 선생님.

5) 선생님: 내일 학교에 꼭 일찍 ________.

학　생: 네, 선생님.

6) 선생님: 내일 시험이 있어요. 열심히 ____ ____________.

학　생: 네, 선생님.

G3 V-지 마세요

6. 바꿔 보세요.

받침 O

먹다 ➡

듣다 ➡

받침 X

버리다 ➡

전화하다 ➡

7. 다음 그림을 보고 문장을 완성해 보세요.

1) 

커피를 ____________.

2) 

사진을 ____________.

3) 

자전거를 ____________.

4) 

담배를 ____________.

8. [보기]에서 알맞은 것을 찾아 써 보세요.

보기		
	먹다	뛰다
	떠들다	전화하다

1) A: 배가 아파요.

B: 오늘은 아이스크림을 ________.

2) A: 친구한테서 전화가 와요.

B: 안 돼요. 영화관에서 ________.

3) A: 천천히 가세요. 계단에서 ________.

B: 네, 고마워요.

4) A: 도서관에서는 조용히 하세요. ________ ________.

B: 미안해요. 몰랐어요.

G4 V/A-지만

9. 바꿔 보세요.

동사

가다 ➡

먹다 ➡

형용사

비싸다 ➡

힘들다 ➡

10. 문장을 완성해 보세요.

1) 빌리 씨는 집에서 ________ 첸첸 씨는 도서관에서 공부해요.

2) 저는 한국어는 ________ 영어는 잘 못해요.

3) 피터는 비빔밥을 ________ 앤디는 불고기를 좋아해요.

4) 집에서 학교는 ________ 지하철역은 가까워요.

5) 이 빵은 가격이 조금 ________ 아주 맛있어요.

6) 이번 여행은 아주 ________ 조금 힘들었어요.

11. 다음 그림을 보고 문장을 완성해 보세요.

1) 

제임스 씨는 밥을 많이 ________

수단 씨는 밥을 ________.

2) 

첸첸 씨는 술을 ________

칸 씨는 커피를 ________.

3) 

빌리 씨는 여자 친구가 ________

지훈 씨는 여자 친구가 ________.

4) 

저는 키가 ________

형은 키가 ________.

5) 

여름은 ________

겨울은 ________.

6) 

어제는 날씨가 ________

오늘은 날씨가 ________.

G5 N(으)로

12. 바꿔 보세요.

받침 O

도서관 ➡

오른쪽 ➡

받침 X

학교 ➡

제주도 ➡

1) 은행은 여기에서 오른쪽(으로/로) 가세요.

2) 9시까지 학교(으로/로) 오세요.

13. [보기]에서 알맞은 것을 찾아 써 보세요.

보기			
	프랑스	어디	
	학교 앞	~~2층~~	사무실

1) A: 실례합니다. 은행이 몇 층에 있어요?

B: <u>2층으로</u> 가세요.

2) A: 이 버스가 ________ 가요?

B: 이 버스는 서울로 가요.

3) A: 공항 버스를 어디에서 타요?

B: ________ 가세요.

4) A: 어떻게 한국어 쓰기 수업을 신청해요?

B: ________ 전화하세요.

5) A: 이번 방학에 뭐 할 거예요?

B: ________ 여행을 갈 거예요.

P

14. 다음 그림을 보고 문장을 완성해 보세요.

1) 교실에서

한국어로 이야기하세요. 라면을 먹지마세요.

2) 식당에서

________ ________

3) 영화관에서

________ ________

4) 미술관에서

________ ________

E

얼마예요?

*사과*가 얼마예요?

*사과*가 *세 개*에 얼마예요?

R

1. 다음 그림을 보고 문장을 완성해 보세요.

저는 오늘 정말 바빴어요. 수업이 끝나고 학교에서 편의점<u>으로</u> 갔어요. 편의점에서 사과 주스 ______ 샀어요. 사과 주스를 마시고 편의점에서 서점____ 갔어요. 서점에서 책 _______ 샀어요. 그리고 친구____ 만나러 공원____ 갔어요. 저는 친구에게 책을 주었어요. 그리고 공원에서 집____ 왔어요. 어제 정말 피곤했지만 기분이 좋았어요.

W

2. 어제 일기를 써 보세요.

일시:　　　년　　　월　　　일

▶ 정리해 봅시다

1. 한국에서 물건을 살 때 어떻게 말해요?

2. 생일에 무엇을 받고 싶어요? 누구에게서 그 선물을 받고 싶어요?

3. 친구의 생일에 무엇을 주고 싶어요?

4. 여러분의 학교나 회사의 규칙을 말해 보세요.
   1) V-(으)세요: ______
   2) V-지 마세요: ______

5. 방학이나 휴가에 어디로 여행을 가고 싶어요? 왜 거기로 여행을 가고 싶어요?

08 선생님께서 어디에 계십니까?

KEY POINT

1. 높임 표현을 사용하여 말할 수 있다.
(O, X)

2. 문법을 정리해 보세요.

① V/A-ㅂ니다/습니다

저는 책을 많이 읽습니다. (V.A 받침 o)

다음 주에 한국 요리 수업을 합니다. (V.A 받침x)

※ V/A-ㅂ니까?/습니까?

② V/A-(으)시

아버지께서 신문을 읽으십니다. (V.A 받침 o)

어머니께서 드라마를 보십니다. (V.A 받침x)

③ N(시간)부터, N(시간)까지

내일은 오후 1시부터 한국어 수업을 합니다.

다음 주까지 휴가입니다.

저는 1시부터 5시까지 한국어를 배웁니다.

④ V-겠-: 의지

제가 책을 읽겠습니다. (V 받침 o)

앞으로 더 열심히 공부하겠습니다. (V 받침x)

⑤ ㄹ 탈락

살다 + -아요 → 살아요(규칙)

열다 + -어요 → 열어요

살다 + -ㅂ니다/습니다 → 삽니다(탈락)

열다 + -ㅂ니다/습니다 → 엽니다

V1 높임 표현

1. 다음을 읽고 같은 의미의 높임말을 찾아 연결하세요.

1) ① 이/가 • • 께서는
② 은/는 • • 께서
③ 에게/한테 • • 께

2) ① 이름 • • 진지
② 나이 • • 성함
③ 밥 • • 댁
④ 생일 • • 연세
⑤ 집 • • 생신

3) ① 말하다 • • 계시다
② 있다 • • 안 계시다
③ 없다 • • 드리다
④ 아프다 • • 말씀하시다
⑤ 주다 • • 편찮으시다
• 주시다

2. 다음 그림을 보고 문장을 완성해 보세요.

1)

[보기] 할머니께서 댁에 계십니다.

2)

선생님____ 교실에서 ______ ___________.

3)

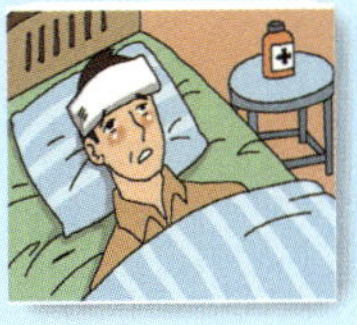

아버지_____ 조금 _______

__________ .

4)

저는 _______ 신문을 ___

____________ .

5)

아저씨_____ 저에게 용돈을

_____________ .

G1 V/A-ㅂ니까?/습니까?

1. 바꿔 보세요.

받침 O

읽다 ➡

어렵다 ➡

받침 X

일하다 ➡

예쁘다 ➡

1) 책을 많이 (읽습니까?/읽니까?)

2) 한국 회사에서 (일하습니까?/일합니까?)

G2 V/A-ㅂ니다/습니다

2. 바꿔 보세요.

받침 O

먹다 ➡

많다 ➡

받침 X

바쁘다 ➡

공부하다 ➡

1) 도서관에 학생이 (많니다/많습니다).

2) 저는 교실에서 (공부합니다/공부하습니다).

3. 문장을 완성해 보세요.

1) A: 어느 나라 사람입니까?

B: 저는 러시아 사람입니다.

2) A: 언제 한국에 ________________ (오다)?

B: 작년 겨울에 ________________.

3) A: 고향에서 한국어를 __________ (배우다)?

B: 네, 고향에서 한국어를 ______________.

4) A: 한국 음식이 ______________ (맛있다)?

B: 조금 맵지만 ________________.

5) A: 한국과 고향이 많이 __________ (다르다)?

B: 네, 날씨, 문화 모두 ______________.

4. 다음 그림을 보고 사치코 씨의 가족을 소개해 보세요.

G3 V/A-(으)시-

5. 바꿔 보세요.

받침 O

읽다 ➡

*먹다 ➡

*있다 ➡

받침 X

보다 ➡

*마시다 ➡

*자다 ➡

1) 아버지께서 신문을 (읽으십니다/읽십니다).

2) 어머니께서 드라마를 (보으십니다/보십니다).

3) 할머니께서 진지를 (드으십니다/드십니다).

4) 할아버지께서 공원에 (계으십니다/계십니다).

6. 다음 문장을 읽고 틀린 것을 찾아 고치세요.

1) 아버지께서 주말에 회사에 ~~있습니다~~.
→ 계십니다

2) 친구께서 집에 왔습니다.

3) 할아버지께서 어제 운동을 했습니다.

4) 어머니께서는 지금 잡니다.

5) 선생님께서 커피를 마십니까?

6) 나는 사과를 좋아하십니다.

7) 할머니께서 지금 댁에 없습니다.

8) 선생님께서 말합니다.

9) 아버지 이름이 뭐예요?

10) 할머니께서 아픕니다.

G4 N(시간)부터, N(시간)까지

7. 바꿔 보세요.

받침 O

3월~5월 ➡

월요일~수요일 ➡

받침 X

9시~12시 ➡

이번 주~다음 주 ➡

1) 저는 매일 1시(　　) 2시(　　) 운동을 합니다.

2) 다음 주 월요일(　　) 금요일(　　) 휴가입니다.

8. 질문에 대답해 보세요.

1)

[보기]
A: 수업 시간이 어떻게 돼요?
B: 오후 1시부터 4시까지예요.

2)

A: 방학이 언제예요?
B: ______________________.

3)

A: 출장이 언제예요?
B: ______________________.

4)

A: 어제 잠을 안 잤어요?
B: ______________________.

5)

A: 매일 한국 드라마를 봐요?
B: ______________________.

G5 V-겠-

9. 바꿔 보세요.

받침 O

오다 ➡

시작하다 ➡

받침 X

읽다 ➡

듣다 ➡

1) 지금부터 회의를 ____________ (시작하다).

2) 이번 달 보고 내용을 _________ (듣다).

10. 질문에 대답해 보세요.

1) A: 시험이 있어요. 열심히 공부하세요.
   B: 네, 선생님. 열심히 공부하겠습니다.

2) A: 영수 씨, 회의 자료는 모두 준비했어요?
   B: 아니요, ______________________.

3) A: 김 대리, 금요일까지 보고서를 제출하세요.

B: 네, ______________________.

4) A: 누가 먼저 발표를 하겠습니까?

B: 교수님, ______________________.

5) A: 선생님, 제가 반장 ______________.

B: 네, 좋아요.

G6 ㄹ탈락

11. 바꿔 보세요.

-아요/어요/해요

살다 ➡	열다 ➡
만들다 ➡	멀다 ➡
길다 ➡	힘들다 ➡

-ㅂ니다/습니다

살다 ➡	열다 ➡
만들다 ➡	멀다 ➡
길다 ➡	힘들다 ➡

1) 너무 더워요. 창문을 (열어요/여어요).

2) 어제 등산을 해서 아주 (힘들습니다/힘듭니다.)

3) 저는 지금 한국어 (살습니다/삽니다.)

4) 저는 머리가 (기습니다/깁니다).

12. 질문에 대답해 보세요.

1) A: 지금 무엇을 합니까?

B: 저는 지금 케이크를 만듭니다.

2) A: 부모님과 함께 삽니까?

B: 네, ______________.

3) A: 회사에서 남산까지 가깝습니까?

B: 아니요, ______________.

4) A: 사무실이 몇 시에 문을 엽니까?

B: ______________. (9시)

5) A: 어디에서 꽃을 팝니까?

B: ______________. (꽃집)

P

13. 다음을 읽고 대화를 완성해 보세요.

A: 실례합니다. 혹시 김진우 과장님(   ) 지금 사무실에 __________ (있다)?

B: 아니요, 과장님(   ) 자리에 __________ (없다).

A: 아, 그럼 어디에 __________ (있다)?

B: 2시(   ) 3시(   ) 회의입니다. 과장님과 약속을 하셨습니까?

A: 네, 4시에 약속을 했습니다. 제가 조금 일찍 왔습니다.

B: 그럼 조금만 기다려 주십시오.

A: 네, 그럼 저는 사무실 아래층 커피숍에서

__________ (기다리다).

B: 오늘 그 커피숍은 문을 안 __________ (열다). 1층에도 커피숍에 있습니다.

A: 감사합니다. 그럼 1층 커피숍에 __________ (있다).

B: 네, 회의가 끝나면 제가 과장님(   ) __________ (말하다).

A: 감사합니다.

E

일정/시간이 어떻게 되세요?

오늘 시간이 있어요? / 오늘 바쁘세요?

이따가 만나요.

실례합니다.

내일 다시 오세요.

R

※ 다음 글을 읽고 물음에 답하세요.

파일(F) 편집(E) 보기(V) 즐겨찾기(A) 도구(T) 도움말(H)

고객게시판

2018년 8월 3일 금요일

yuna07

제목: 택배가 언제 와요?

안녕하세요? 저는 3일 전에 이 홈쇼핑에서 복숭아 한 상자를 주문했어요. 하지만 아직 복숭아가 집으로 오지 않았어요.

복숭아가 언제 와요?

↳답변: 안녕하십니까? yuna07 고객님. '싱싱 홈쇼핑'입니다. 먼저 불편을 드려 대단히 죄송합니다. 확인 결과 복숭아는 오늘 오전 9시에 고객님 댁으로 출발했습니다. 그래서 내일 오후에 받으실 겁니다. 택배 기사님의 전화번호는 010-2344-5677입니다. 앞으로도 저희 '싱싱 홈쇼핑'에 많은 이용 부탁드립니다. 감사합니다.

1. 맞는 것은 ○, 틀린 것은 X 하세요.

1) 이 사람은 과일을 주문했습니다. (   )

2) 3일 전에 복숭아를 주문했습니다. (   )

3) 복숭아가 맛없어서 바꾸고 싶습니다. (   )

4) 이 사람의 전화번호는 010-2344-5677입니다. (   )

5) 복숭아는 내일 오후에 집으로 올 겁니다. (   )

W

2. 다음 글을 '-ㅂ니다/습니다'로 바꿔 써 보세요.

안녕하세요? 저는 데릭이에요. 저는 3년 전에 독일에서 왔어요. 독일 대학교에서 한국어를 공부했어요. 한국 친구에게서 한국 문화도 배웠어요. 하지만 한국어는 좀 어려워요. 지금은 한국에서 회사에 다녀요. 일이 조금 힘들지만 나쁘지 않아요. 일이 모두 끝나고 학원에서 한국어를 배워요. 저는 앞으로 10년 동안 한국에 살아요. 그래서 열심히 한국어를 공부해요.

▶ 정리해 봅시다

(1) 친구에게 이야기해요. 선생님께 이야기해요. 어떻게 달라요?

____

____

(2) 커피숍에서 친구와 이야기해요. 회사에서 이야기해요. 어떻게 달라요?

____

____

(3) 바꾸고 싶은 습관이 있어요? 어떻게 바꾸겠어요? 이야기해 보세요.

____

____

09 서울에서 부산까지 어떻게 가요?

KEY POINT

1. 교통편을 말할 수 있다. (O, X)

2. 자신의 계획, 바람을 말할 수 있다. (O, X)

3. 문법을 정리해 보세요.

① V/A-(으)ㄹ 거예요: 계획, 추측

주말에 영화관에 갈 거예요.
V.A 받침x
내일 공원에서 김밥을 먹을 거예요.
V.A 받침 O
저 분은 선생님일 거예요.
N+이다+ㄹ 거예요

② N(으)로: 수단

기차로 부산에 갈 겁니다.
N 받침x
숟가락으로 식사를 합니다.
N 받침 O

③ N에서, N까지

서울역에서 기차를 타고 부산까지 갑니다.
학교에서 집까지 30분쯤 걸립니다.

④ V-아서/어서/해서: 순차

아침에 일어나서 샤워를 했어요.
V일어나다+-아서
비빔밥을 만들어서 친구와 먹었어요.
V만들다+-어서
공항에 도착해서 택시를 탔어요.
V도착하다+-해서

⑤ V-고 싶다

고향에 가고 싶어요.
V 받침x
불고기를 먹고 싶어요.
V 받침 O

V1 교통 수단

1. [보기]를 보고 어떻게 가는지 이야기해 보세요.

보기

서울역 → 한국대학교

A: 서울역에서 한국대학교까지 어떻게 가요?

B: 서울역에서 버스를 타고 한국대학교에서 내리세요.

1)

영통역 → 강남역

2)

집 → 한강 공원

3)

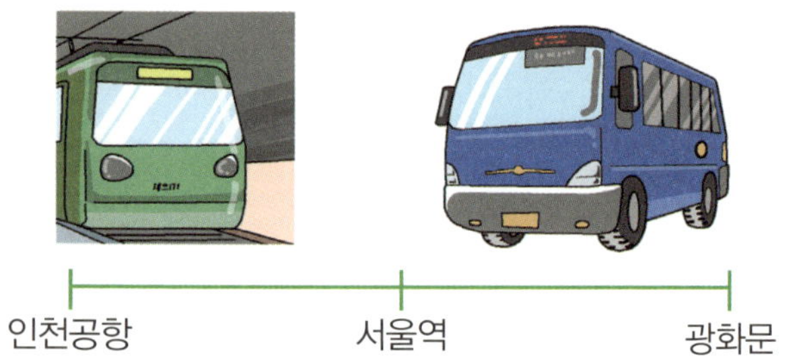

4)

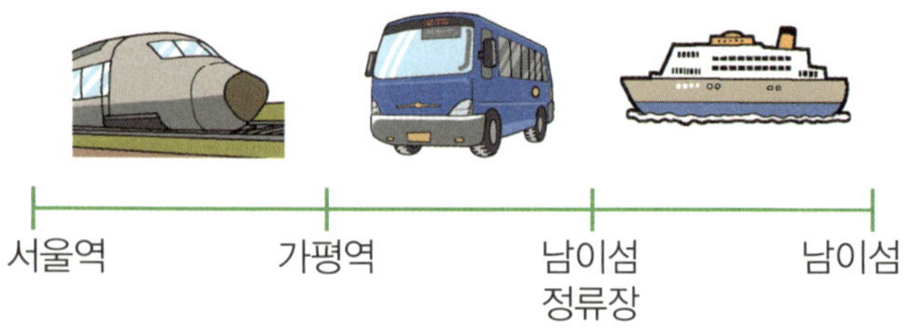

5)

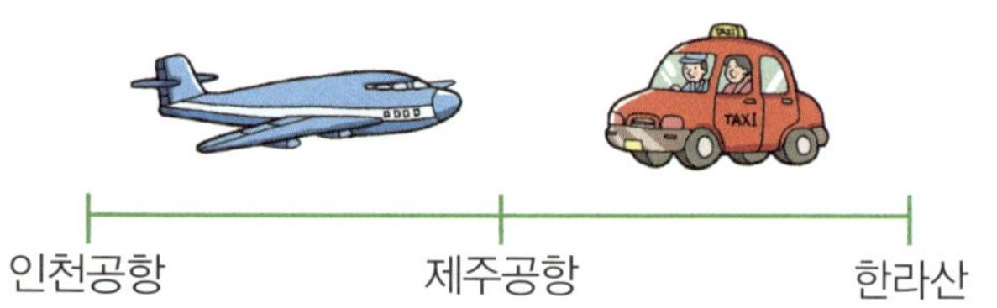

G1 V-(으)ㄹ 거예요: 계획

1. 바꿔 보세요.

받침 O

읽다 ➡

먹다 ➡

받침 X

타다 ➡

자다 ➡

1) 다음 주말에 영화관에서 영화를 (볼 거예요, 보을 거예요).

2) 내일은 도서관에 가서 책을 (일 거예요 / 읽을 거예요).

2. 질문에 대답해 보세요.

1) A: 이번 주말에 뭐 할 거예요?

B: 친구랑 밥을 먹고 영화를 볼 거예요.

2) A: 수업 후에 뭐 할 거예요?

B: ____________________.

3) A: 오늘 저녁에 뭐 할 거예요?

B: ____________________.

4) A: 방학에 뭐 할 거예요?

B: ____________________.

5) A: 크리스마스에 뭐 할 거예요?

B: ____________________.

G2 V/A-(으)ㄹ 거예요: 추측

3. 질문에 대답해 보세요.

1) A: 흐엉 씨의 직업이 뭐예요?

B: 잘 모르지만 아마 회사원일 거예요.

2) A: 저 식당 음식이 어때요?

B: 저 식당은 항상 사람이 많아요.

____________________.

3) A: 서울에서 대전까지 오래 걸려요?

B: 요즘 휴가철이에요. 4시간쯤 __________.

4) A: 지금 김 대리가 뭐 해요?

B: 내일 회의가 있어요.

아마 ______________.

5) A: 오늘 날씨가 덥네요. 언제까지 더워요?

B: 요즘 계속 날씨가 더워요.

아마 ______________.

G3 N(으)로:수단

4. 바꿔 보세요.

받침 O

빗 ➡

젓가락 ➡

받침 X

카메라 ➡

지하철 ➡

1) 저는 방학에 기차(으로, 로) 부산에 갈 겁니다.

2) 한국 사람들은 숟가락과 젓가락(으로, 로) 식사를 합니다.

5. 다음 그림을 보고 문장을 완성해 보세요.

1)

[보기]

자전거로 회사에 갑니다.

2)

______________.

3)

______________.

4)

______________.

5)

______________.

6. 다음 그림을 보고 문장을 완성해 보세요.

1)

[보기]

딸기로 주스를 만들었어요.

2)

______________.

3)

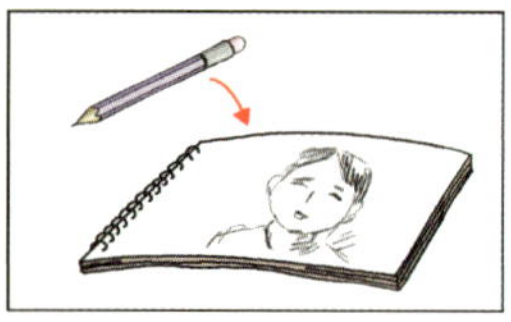

______________________.

4)

______________________.

5)

______________________.

G4 N에서, N까지

7. 바꿔 보세요.

받침 O

병원, 우체국 ➡

서울, 부산 ➡

받침 X

교실, 기숙사 ➡

경찰서, 가게 ➡

1) 여행을 갑니다. 주말에 서울역(　　　) 기차를 타고 부산(　　　) 갈 겁니다.

2) 저는 집이 조금 멉니다. 집(　　　) 학교(　　　) 버스로 40분쯤 걸립니다.

8. 다음 그림을 보고 문장을 완성해 보세요.

1)

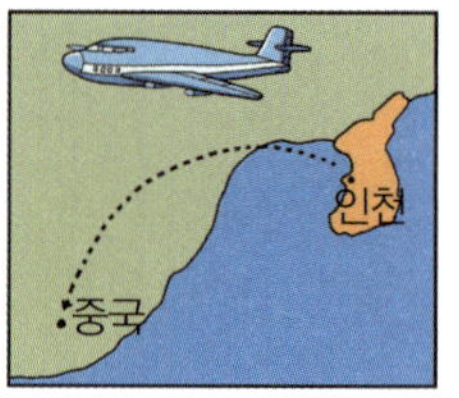

____

______________________.

2)

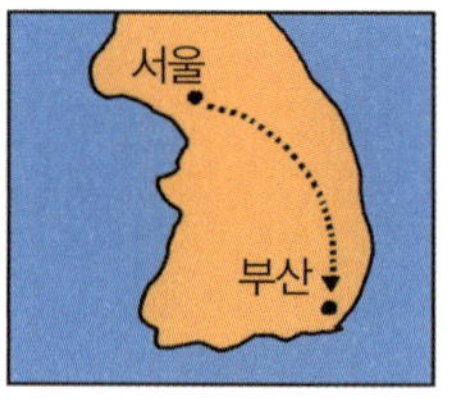

____

______________________.

3)

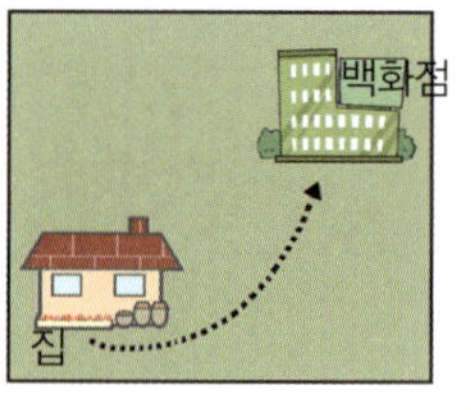

____

______________________.

4)

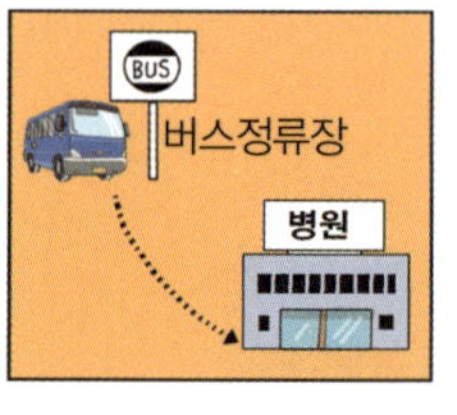

____

______________________.

9. 다음 그림을 보고 이야기해 보세요.

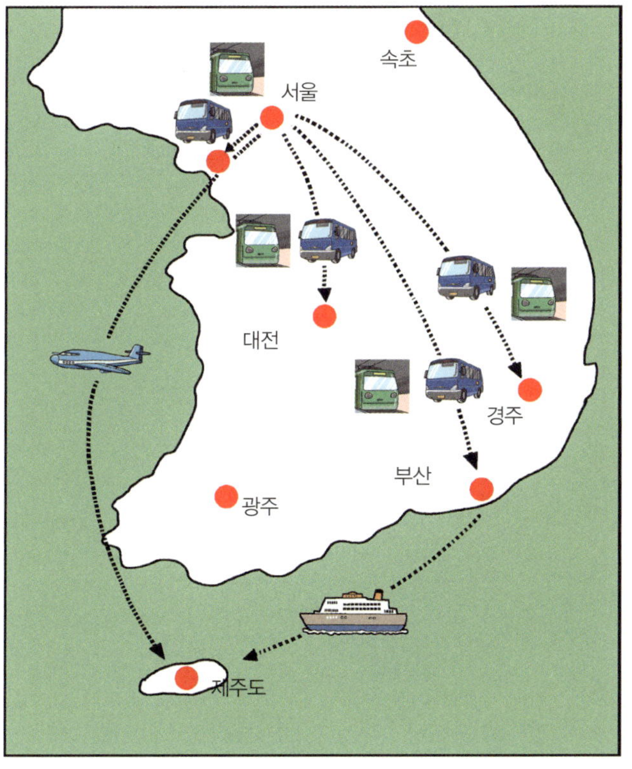

G5 V-아서/어서/해서:순차

10. 바꿔 보세요.

ㅏ, ㅗ → ○ : -아서

찾다 ➡

사다 ➡

돕다 ➡

ㅏ, ㅗ → × : -어서

찍다 ➡

쓰다 ➡

듣다 ➡

-하다 : -해서

말하다 ➡

공부하다 ➡

전화하다 ➡

1) 은행에서 돈을 (찾아서, 찾어서, 찾해서) 어머니께 드렸어요.

2) 친구에게 케이크를 (만들아서, 만들어서, 만들해서) 선물했어요.

11. 다음 그림을 보고 문장을 완성해 보세요.

1)

어제 친구를 만나서 같이 커피를 마셨습니다.

2)

____

3)

____

4)

____

5)

____

G6 V-고 싶다

12. 바꿔 보세요.

받침 O

가다 ➡

마시다 ➡

받침 X

찾다 ➡

만들다 ➡

1) 한국에 오고 한 번도 고향에 못 갔습니다.
   이번 휴가에는 꼭 고향에 ________(가다).
2) 내일 한국 요리를 배웁니다. 요리를 잘
   ____________(만들다).

13. 다음을 그림을 보고 문장을 완성해 보세요.

1)

날씨가 너무 더워서 물을 마시고 싶습니다.

2)

______________________________.

3)

______________________________.

4)

______________________________.

5)

______________________________.

P

14. 유나 씨의 일기입니다. 다음을 읽고 알맞은 것을 골라 문장을 완성해 보세요.

-고, -아서/어서/해서

저는 오늘 아침에 ________(일어나다) 세수를 했어요. 세수를 _____(하다) 옷을 입었어요. 밥을 _____(먹다) 학교에 갔어요.

학교에 _______(가다) 공부를 했어요. 한국어 수업이 _______(끝나다) 친구를 만났어요. 친구를 _______(만나다) 친구와 같이 커피를 마셨어요. 커피를 _______(마시다) 사진을 찍었어요.

집에 ___________(돌아오다) 요리를 했어요. 음식을 ___________(만들다) 룸메이트와 같이 먹었어요. 밥을 ________(먹다) 운동을 했어요. 운동이 ___________(끝나다) 과일을 (씻다) 먹었어요. 샤워를 _______(하다) 잠을 잤어요.

E

어떻게 가요?
얼마나 걸려요?
어디에서 지하철을 갈아타요?

R

1. 마리아 씨의 여행 계획입니다. 맞으면 ○, 틀리면 X해 보세요.

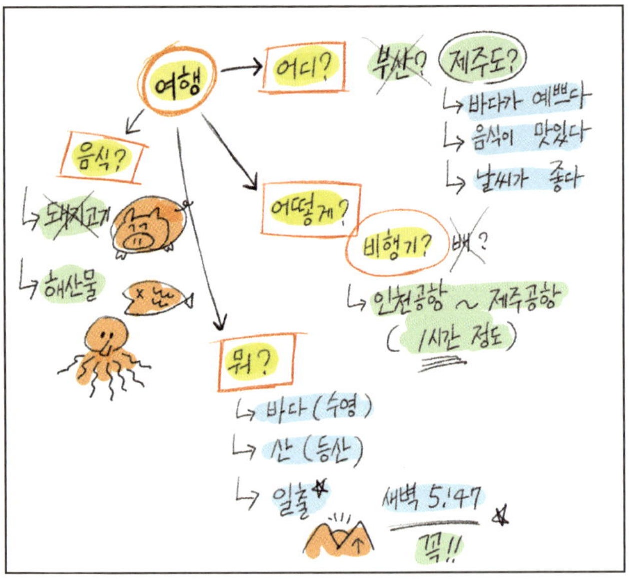

1) 마리아는 제주도로 여행을 갈 겁니다. ( )

2) 마리아는 바다가 예뻐서 제주도에 가고 싶습니다. ( )

3) 마리아는 배를 타고 제주도에 갈 겁니다. ( )

4) 제주도까지 한 시간 정도 걸립니다. ( )

5) 마리아는 제주도에서 수영과 등산을 하고 싶습니다. ( )

6) 마리아는 새벽 5시 47분에 등산을 할 겁니다. ( )

7) 마리아는 제주도에서 해산물을 먹고 싶습니다. ( )

W

2. 여러분은 여행을 좋아합니까? 나의 여행 계획을 메모하고 글을 써 보세요.

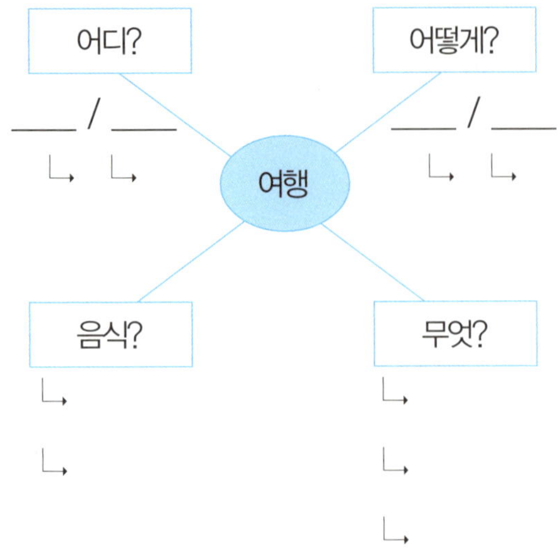

▶ 정리해 봅시다

(1) 다음 주말에 무엇을 할 겁니까?

____

____

(2) 10년 후에 무엇을 하고 싶습니까?

____

____

(3) 어디에 가고 싶습니까? 거기까지 어떻게 갑니까?

____

____

10 비가 와서 길이 많이 막혀요.

KEY POINT

1. 좋아하는 계절과 계절의 특징을 말할 수 있다. (O, X)

2. 날씨를 말할 수 있다. (O, X)

3. 문법을 정리해 보세요.

① 으 탈락

편지를 써요. (쓰+어요)

너무 바빠요. (바쁘+아요)

② V/A-아/어/해서:이유

배가 아파서 병원에 가요. (V.A 아프다+-아서)

밥을 많이 먹어서 배가 불러요. (V.A 먹다+-어서)

한국 노래를 좋아해서 한국어를 배워요. (V.A 좋아하다+-해서)

③ 못 V = V-지 못하다

비가 와서 산에 못 가요.

=비가 와서 산에 가지 못해요.

④ V-(으)러 가다/오다/다니다

책을 사러 서점에 가요. (V 받침x)

불고기를 먹으러 유명한 맛집에 가요. (V 받침 o)

태권도를 배우러 학원에 다녀요.

⑤ V-고 있다

지금 커피를 마시고 있어요. (V 받침x)

한국 신문을 읽고 있어요. (V 받침 o)

V1 계절과 날씨

1. 다음 그림을 보고 알맞은 것을 [보기]에서 찾아 써 보세요.

[보기]

봄	여름	가을	겨울

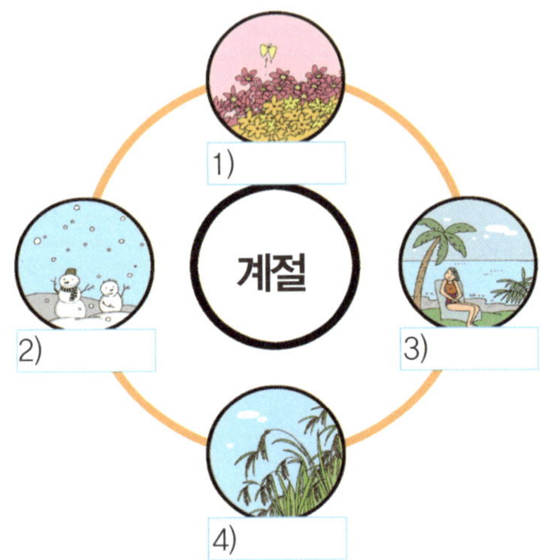

2. 다음 그림을 보고 알맞은 것을 써 보세요.

1) 서울은 ______________________.

2) 도쿄는 ______________________.

3) 베이징은 ______________________.

4) 시드니는 ______________________.

5) 런던은 ______________________.

6) 파리는 ______________________.

7) 모스크바는 ______________________.

8) 벤쿠버는 ______________________.

9) 뉴욕은 ______________________.

G1 ㅡ 탈락

1. 바꿔 보세요.

-ㅂ니다

쓰다 ➡

끄다 ➡

바쁘다 ➡

아프다 ➡

-아요/어요

쓰다 ➡

끄다 ➡

바쁘다 ➡

아프다 ➡

1) 편지를 (쓰어요/ 써요).

2) 에어컨을 (끄어 주세요/꺼 주세요).

3) 너무 (바쁘어요/ 바빠요).

4) 머리가 (아픕니다/ 아팝니다).

2. 문장을 완성해 보세요.

1) 시험을 못 봐서 기분이 __________.

2) 수업 시간에는 휴대 전화를 __________.

3) 첸첸 씨의 언니는 모두 __________.

4) 어제는 목이 너무 __________.

5) 지난 주말에 부모님께 편지를 __________.

6) 오늘은 너무 __________ 저녁 약속을 취소했어요.

7) 라이언 씨는 키도 __________ 멋있어요.

8) 준코 씨는 얼굴은 __________ 친절하지 않아요.

G2 V/A-아서/어서/해서: 이유

3. 바꿔 보세요.

ㅏ,ㅗ→O : -아서

가다 ➡

좋다 ➡

ㅏ,ㅗ→X : -어서

먹다 ➡

맛있다 ➡

-하다 : -해서

공부하다 ➡

친절하다 ➡

1) 아이스크림을 많이 (먹아서/ 먹어서/ 먹해서) 배가 아팠어요.

2) 날씨가 (좋아서/ 좋어서/ 좋해서) 공원에 사람이 많아요.

3) 형은 멋있고 (친절하서/ 친절허서/ 친절해서) 친구가 많아요.

4. 문장을 완성해 보세요.

1) 감기에 ________ 친구를 못 만났어요.

2) 배가 ________ 병원에 갔어요.

3) 일이 ________ 친구를 못 만났어요.

4) 날씨가 ________ 산책하러 갔어요.

5) 한국 노래를 ________ 한국어를 공부해요.

5. 질문에 대답해 보세요.

1) 머리가 아파요. 그래서 회사에 안 갔어요.

A: 왜 회사에 안 갔어요?

B: *머리가 아파서 회사에 안 갔어요.*

2) 여자 친구와 헤어졌어요. 그래서 술을 많이 마셔요.

A: 왜 술을 많이 마셔요?

B: ________________

3) 길에서 사람들이 싸워요. 그래서 시끄러워요.

A: 왜 시끄러워요?

B: ________________

4) 커피를 좋아해요. 그래서 매일 커피를 마셔요.

A: 왜 커피를 매일 마셔요?

B: ________________

G3 못 V, V-지 못하다

6. 바꿔 보세요.

못

가다 ➡

사다 ➡

먹다 ➡

신다 ➡

-지 못하다

가다 ➡

사다 ➡

먹다 ➡

신다 ➡

수영하다 ➡

요리하다 ➡

1) 꽃이 예쁘지만 돈이 없어서 꽃을 (안 / 못) 사요.

2) 저는 이가 좋지 않아서 아이스크림을 (안 / 못) 먹어요.

3) 술을 많이 마셔서 일찍 (안 / 못) 일어났어요.

4) 슈퍼가 문을 열지 않아서 사과를 (안 / 못) 샀어요.

7. 질문에 대답해 보세요.

1) A: 같이 아이스크림을 먹어요.

B: 배가 아파서 아이스크림을 ______________.

2) A: 주말에 같이 등산을 가요.

B: 약속이 있어서 등산을 ______________.

3) A: 안경을 찾았어요?

B: 아직 ______________.

4) A: 스키를 타요?

B: 다리를 다쳐서 스키를 ______________.

5) A: 피아노를 쳐요?

B: 피아노를 안 배워서 피아노를 ______________.

G4 V-(으)러 가다/오다/다니다

8. 바꿔 보세요.

받침 O
먹다 ➡
읽다 ➡

받침 X
사다 ➡
배우다 ➡

1) 옷을 (사러/사으러) 백화점에 갈 거예요.

2) 불고기를 (먹러/먹으러) 저희 집에 오세요.

9. 어디에 가요? 빈칸에 알맞은 것을 써 보세요. 그리고 문장을 완성해 보세요.

1) 책을 사다 → 서점

⇨ *책을 사러 서점에 가요.*

2) 책을 빌리다 → ______

⇨ ______________

3) 영화를 보다 → ______

⇨ ______________

4) 머리를 자르다 → ______

⇨ ______________

5) 커피를 마시다 → ______

⇨ ______________

6) 약을 사다 → ______

⇨ ______________

10. 질문에 대답해 보세요.

1) A: 어디에 가요?

B: 커피숍에 ______________.

2) A: 백화점에 뭐 하러 가요?

B: ______________.

3) A: 어디에 가요?

B: 도서관에 ______________.

4) A: 공원에 뭐 하러 가요?

B: ______________.

G5 V-고 있다

11. 바꿔 보세요.

받침 O

사다 ➡

마시다 ➡

받침 X

먹다 ➡

읽다 ➡

12. 다음 그림을 보고 문장을 완성해 보세요.

1) 준코 씨가 책을 ____________________.

2) 트엉 씨가 커피를 ____________________.

3) 빌리 씨가 강아지하고 ____________________.

4) 제인 씨가 ____________________.

5) 지훈 씨가 ____________________.

6) 왕웨이 씨가 ____________________.

13. 다음 그림을 보고 질문에 대답해 보세요.

1)

A: 미나 씨, 지금 어디예요? 빨리 오세요.
B: 지금 ____________. 10분 후에 만나요.

2)

A: 제가 어제 저녁 9시에 전화했어요. 왜 전화를 안 받았어요?
B: 아, 미안해요. ____________________.

3)

A: 민호 씨, 어제 저녁 7시에 뭐 ____________?
B: 어제 저녁 7시에 …. 아! 회사에서 ________ ____________________.

4)

A: 내일 오후 2시에 어디에서 만날까요?
B: 저는 그때 공원에서 ____________________. 공원으로 오세요.

5)

A: 아버지께서 지금 무엇을 하고 계세요?
B: 아버지께서 거실에서 책을 ____________.

P

14. 두 문장을 연결하여 한 문장으로 완성해 보세요.

1) 아파요.	음악을 듣다 X
2) 휴대전화가 없어요.	학교에 가다 X
3) 비가 왔어요.	책을 빌리다 X
4) 시험이에요.	전화를 하다 X
5) 학생증이 없어요.	친구와 놀다 X
6) 시끄러워요.	산에 가다 X

1) *아파서 학교에 못 가요.*

2) ______________________

3) ______________________

4) ______________________

5) ______________________

6) ______________________

15. 여러분은 어때요? 다음 표를 완성하고 말해 보세요.

	잘V	잘못V	못V
1) 피아노를 치다		○	
피아노를 배웠지만 잘 못 쳐요.			
2) 스키를 타다			
3) 춤을 추다			
4) 자전거를 타다			
5) 술을 마시다			
6) 한국어를 하다			

E

오늘 날씨가 어때요?

날씨가 좋아요. / 하늘이 맑아요.

더워요. ↔ 추워요.

흐려요. / 구름이 많아요.

따뜻해요.

시원해요.

바람이 불어요.

비가 와요.

눈이 와요.

일교차가 커요.

R

1. 다음 글을 읽고, 맞으면 ○, 틀리면 × 하세요.

폴린 씨, 안녕하세요?

폴린 씨의 이메일은 잘 받았어요. 저는 잘 지내고 있어요. 폴린 씨는 어떻게 지내요? 한국은 요즘 여름이라서 날씨가 아주 덥고 가끔 비가 많이 와요. 그리고 저는 어제부터 방학이에요. 폴린 씨는 다음 주에 한국에 와요? 같이 여행을 갑시다. 저는 2년 전에 부산에 한 번 갔지만 제주도에는 한 번도 안 갔어요. 저도 폴린 씨와 같이 가고 싶어요.

한국은 여름에 날씨가 더워요. 반팔 티셔츠와 반바지, 그리고 선글라스와 모자를 꼭 준비하세요. 하지만 가끔 소나기가 와요. 작은 우산을 준비하세요. 그리고 부산하고 제주도에 바다가 많아요. 수영복하고 카메라를 꼭 준비하세요.

그럼 다음 주 토요일에 제가 공항으로 갈게요. 도착 시간을 이메일로 알려 주세요. 안녕히 계세요.

– 유나

1) 유나가 먼저 폴린에게 이메일을 썼습니다. ( )

2) 유나는 한국에 있습니다. ( )

3) 폴린은 토요일에 한국에 올 겁니다. ( )

4) 유나는 지금 방학입니다. ( )

5) 한국은 여름에 기온이 낮습니다. ( )

2. 다음 그림을 보고 필요한 준비물을 찾아 보세요.

Q. ______을/를 왜 준비해요?

▶ 정리해 봅시다

1. 오늘 날씨가 어때요?
   오늘은 ______________________

   ____

2. 왜 한국어를 공부해요?

   ____

   ____

3. 하고 싶지만 못 하는 것이 있어요?
   써 보세요.

   ____

   ____

W

3. 여러분은 무슨 계절을 좋아해요? 왜 좋아해요? 그 계절에는 무엇을 해요?

저 는

11 영화도 보고 쇼핑도 할까요?

KEY POINT

1. 다른 사람에게 무엇을 하자고 제안할 수 있다. (O, X)

2. 다른 사람에게 행동을 함께 하자고 요청할 수 있다. (O, X)

3. 비교 표현을 사용하여 말할 수 있다. (O, X)

4. 문법을 정리해 보세요.

① N보다:비교

저는 사과보다 딸기를 좋아해요. (N)

말하기보다 쓰기가 더 어려워요. (N)

② A-(으)ㄴ N

백화점에서 작은 가방을 샀어요. (A작다+-은)

친구에게 예쁜 꽃을 선물할 거예요. (A받침 × 예쁘다+-ㄴ)

③ V-(으)ㄹ까요?:제안

수업 후에 같이 점심을 먹을까요? (V받침 o 먹다+-을까요?)

주말에 영화를 볼까요? (V받침 × 보다+-ㄹ까요?)

④ V-(으)ㅂ시다

다 같이 사진을 찍읍시다. (V받침 o 찍다+-읍시다)

학교 앞에서 만납시다. (V받침 × 만나다+-ㅂ시다)

⑤ V-아/어/해 주세요

이 책 좀 사 주세요. (V사다+-아 주세요)

길 좀 가르쳐 주세요. (V가르치다+-어 주세요)

조금 뒤에 전화해 주세요. (V전화하다+-해 주세요)

V1 쇼핑

1. 다음을 듣고 알맞은 것에 체크해 보세요.

1) 옷 가게

- ☐ 티셔츠
- ☐ 코트
- ☐ 블라우스
- ☐ 운동복
- ☐ 스웨터
- ☑ 청바지
- ☑ 원피스
- ☐ 치마
- ☐ 조끼
- ☐ 정장바지

2) 과일 가게

- ☐ 딸기
- ☐ 바나나
- ☐ 포도
- ☐ 복숭아
- ☐ 수박
- ☐ 배
- ☐ 오렌지
- ☐ 망고
- ☐ 사과
- ☐ 파인애플

3) 채소 가게

☐	양파	☐	당근
☐	버섯	☐	배추
☐	고추	☐	오이
☐	무	☐	마늘
☐	호박	☐	감자

4) 신발 가게

☐	운동화	☐	구두
☐	슬리퍼	☐	부츠
☐	샌들		

G1 N보다:비교

1. 바꿔 보세요.

받침 O

밥 ➡

만화책 ➡

받침 X

사과 ➡

바지 ➡

1) 저는 사과(　　) 딸기를 좋아해요.

2) 양양 씨는 만화책(　　) 소설책을 많이 읽어요.

2. 다음 그림을 보고 질문에 대답해 보세요.

1)

A: 누가 키가 더 커요?
B: 저는 형보다 키가 커요.

2)

A: 무슨 과일을 더 좋아해요?
B: ______________.

3)

A: 어떤 음악을 좋아해요?
B: ______________.

4)

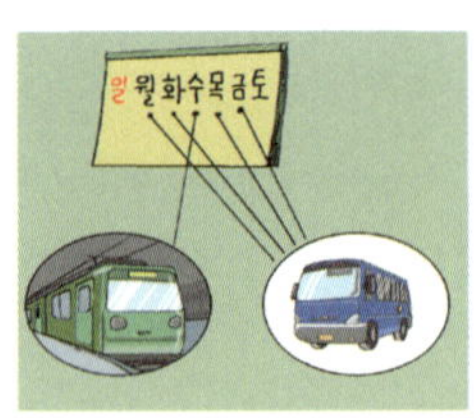

A: 회사까지 지하철로 가요?
B: ______________.

5)

A: 아침에 무슨 음식을 자주 먹어요?
B: ______________.

G2 A-(으)ㄴ

3. 바꿔 보세요.

받침 O → -은

작다 ➡

좋다 ➡

*맛있다 ➡

*맵다 ➡

*길다 ➡

받침 X → -ㄴ

싸다 ➡

크다 ➡

예쁘다 ➡

조용하다 ➡

필요하다 ➡

1) 백화점에서 (작은/작는) 가방을 샀어요.

2) 친구에게 (예쁘은/예쁜) 꽃을 선물할 거예요.

3) 수업 후에 (맛있은/맛있는) 라면을 먹어요.

4) 저는 (맵은/맵는/매운) 음식을 싫어해요.

5) 저는 여름에도 (길은/긴/길는) 바지만 입어요.

4. 질문에 대답해 보세요.

1) A: 어떤 사람을 좋아해요?

B: *저는 마음이 따뜻한 사람이 좋아요.*

2) A: 어떤 집에서 살고 싶어요?

B: ____________________.

3) A: 어떤 날씨를 좋아해요?

B: ____________________.

4) A: 어떤 사람하고 결혼하고 싶어요?

B: ____________________.

5) A: 어제 무엇을 샀어요?

B: ____________________.

G3 V-(으)ㄹ까요?:제안

5. 바꿔 보세요.

받침 O → -을까요?

먹다 ➡

읽다 ➡

받침 X → -ㄹ까요?

가다 ➡

운동하다 ➡

1) 사치코 씨, 같이 밥을 (먹을까요/먹까요)?

2) 주말에 같이 서울에 (가을까요/갈까요)?

3) 집에서 저녁을 같이 (만들을까요/만들까요)?

6. 대화를 완성해 보세요.

1) A: 수단 씨, 오늘 같이 밥을 *먹을까요*?
   B: 네, 좋아요. 같이 먹어요.

2) A: 영화를 좋아해요? 주말에 같이 ________?
   B: 그래요. 저는 무서운 영화를 좋아해요.

3) A: 내일 시간 있어요? 같이 백화점에서 ________?
   B: 미안해요. 내일은 좀 바빠요. 주말은 어때요?

4) A: 우리 내일 어디에서 ________?
   B: 학교 정문 앞에서 만나요.

5) A: 서울역에서 몇 시에 기차를 ______?
   B: 오전 9시쯤 타요.

G4 V-(으)ㅂ시다

7. 바꿔 보세요.

받침 O → -읍시다

찍다 ➡

먹다 ➡

받침 X → -ㅂ시다

보다 ➡

만나다 ➡

1) 저기 나무 앞에서 사진을 (찍읍시다/찍시다).

2) 오늘은 좀 바빠요. 내일 (만나읍시다/만납시다).

3) 지금부터 나무로 책장을 (만들읍시다/만듭시다).

8. 질문에 대답해 보세요.

1) A: 오늘 점심에 김치찌개 어때요?
   B: *좋아요. 김치찌개를 먹으러 갑시다.*

2) A: 내일 시간 있어요? 같이 영화를 봐요.
   B: 그래요. ________.

3) A: 공연표가 없어요. 어떻게 할까요?
   B: 그럼, ________.

4) A: 메뉴를 봤어요? 뭘 주문할까요?
   B: ________.

5) A: 방학에 어디로 여행을 갈까요?
   B: ________.

G5 V-아/어/해 주세요

9. 바꿔 보세요.

ㅏ, ㅗ → O : -아 주세요

사다 ➡

돕다 ➡

ㅏ, ㅗ → X : –어 주세요

찍다 ➡

쓰다 ➡

듣다 ➡

–하다 → –해 주세요

말하다 ➡

소개하다 ➡

전화하다 ➡

1) 엄마, 이 책 좀 (사 주세요/사어 주세요/사해 주세요).

2) 이름을 여기에 (쓰아 주세요/써 주세요/쓰해 주세요).

3) 내일 오후에 저에게 (전화하 주세요/전화허 주세요/ 전화해 주세요).

10. 다음 그림을 보고 문장을 완성해 주세요.

1)

여: 저기요, 죄송하지만 창문 좀 ________.

2)

여: 지훈 씨, 책 좀 ________.

3)

여: 실례합니다. 사진 좀 ________.

4)

남: 사랑합니다. 저와 ________.

5)

학생: 선생님, 잘 모르겠어요. 다시 ________.

P

11. [보기]에서 알맞은 말을 찾아 대화를 완성해 보세요.

1)

> [보기] 집으로 갈게요. 쇼핑하러 갈까요? 같이 갑시다. 알겠어요. 시간이 있어요?

세아: 유나 씨, 주말에 ① ________

유나: 네, 무슨 일이에요?

세아: 명동에 가서 쇼핑을 하고 싶어요. 우리 같이 명동에 ② ________

유나: 좋아요. 저도 짧은 치마를 하나 사고 싶었어요. ③ ________

그럼, 몇 시에 어디에서 만날까요?

세아: 제가 10시까지 유나 씨 ④ ________

유나: 네, ⑤ ________ 주말에 만나요.

2)

[보기] 어때요? 유행하는 스타일이에요. 마음에 안 들어요. 어서 오세요. 잠깐만 기다려 주세요.

직원: ① ______ 뭘 찾으세요?

유나: 치마 좀 보여 주세요.

직원: 이쪽으로 오세요. 이번에 새로 나온 신상품이에요.

유나: 짧은 치마를 찾고 있어요.

직원: 그럼, 이 치마 ② ______
요즘 ③ ______

유나: 디자인은 마음에 들지만 색이 ④ ______ ______ 다른 색으로 보고 싶어요.

직원: 네, ⑤ ______

E

■ 신발 사이즈(성인용)

한국(mm)	미국(US)		유럽(EU)		영국(UK)	
	남자	여자	남자	여자	남자	여자
220	–	5	–	35	–	2.5
225	–	5.5	–	35.5	–	3
230	–	6	–	36	–	3.5
235	–	6.5	–	36.5	–	4
240	–	7	–	37	–	4.5
245	6.5	7.5	40	37.5	5.5	5
250	7	8	40.5	38	6	5.5
255	7.5	8.5	41	38.5	6.5	6
260	8	9	41.5	39	7	6.5
275	9.5	10.5	43	40.5	8.5	8
280	10	–	43.5	–	9	–
285	10.5	–	44	–	9.5	–
290	11	–	44.5	–	10	–
295	11.5	–	45	–	10.5	–
300	12	–	45.5	–	11	–

■ 상의(남자)

한국	미국(US)	유럽(EU)	영국(UK)
90~95	S	46	1
95~100	M	48	2
100~105	L	50	3
105~110	XL	52	4
110~	XXL	54	5

■ 상의(여자)

한국		미국(US)		유럽(EU)	영국(UK)
44	85	0	XS	34	4~6
55	90	2~4	S	36	8~10
66	95	6~8	M	38	10~12
77	100	10~12	L	40	14~16
88	105	14~16	XL	42	18~20

R

1. 다음을 읽고 알맞은 광고를 찾아 보세요.

1) 유나는 여름 방학에 친구들과 같이 여행을 갑니다. 여행을 가서 친구들과 같은 옷을 입고 싶습니다. (   )

2) 다음 달에 친구가 결혼을 합니다. 제임스는 친구의 결혼식에 정장을 입고 갈 겁니다. 구두도 필요합니다. (   )

3) 내일 모레는 엘레나 아버지의 60번째 생신입니다. 엘레나는 생신 선물로 드릴 비싸고 좋은 시계를 찾고 있습니다. (   )

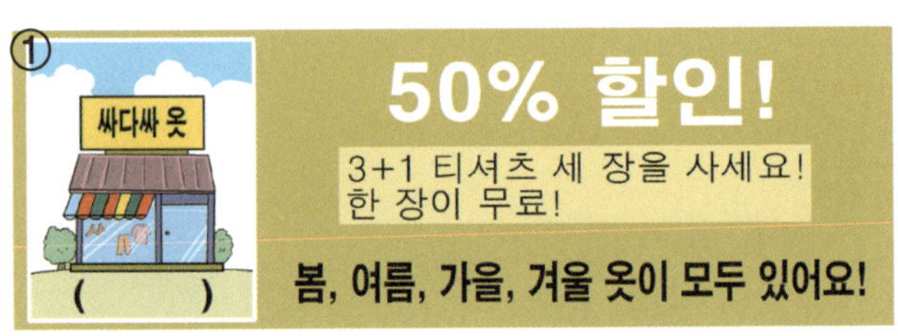

②

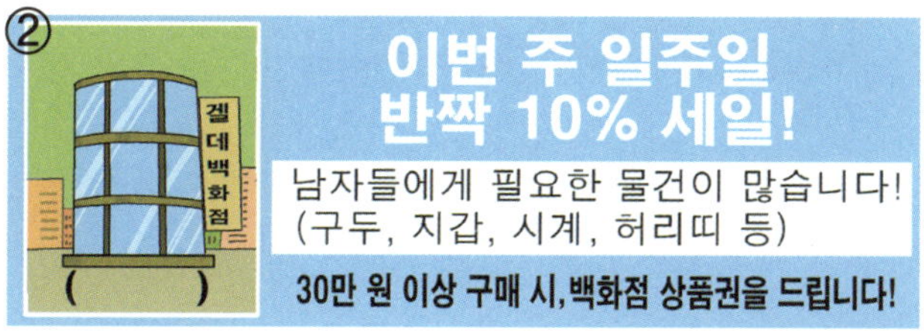

③

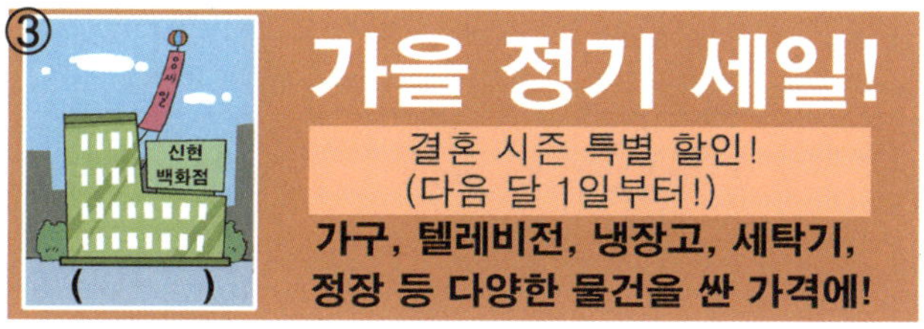

W

2. 다음을 읽고 글을 써 보세요.

- 여러분은 백화점과 시장 중 어디에서 쇼핑을 자주 합니까?
- 왜 그 곳에서 쇼핑을 자주 합니까?
- 그 곳에서 어떤 물건을 삽니까?

▶ 정리해 봅시다

1. 여러분은 친구와 어떤 점이 달라요? 나와 친구의 다른 점을 세 가지 이상 말해 보세요.

____

____

2. 여러분은 어떤 것을 좋아해요? 사람, 물건, 날씨 과일 등 여러분이 좋아하는 것을 설명해 보세요.

____

____

3. 다른 사람에게 부탁하고 싶을 일이 있을 때 어떻게 말해요?

____

____

12 운동을 한번 해 보세요.

KEY POINT

1. 나의 경험을 이야기할 수 있다. (O, X)

2. 다른 사람에게 권유하거나 조언할 수 있다. (O, X)

3. 가능/불가능을 이야기할 수 있다. (O, X)

4. 문법을 정리해 보세요.

① V -아/어/해 봤다

저는 말을 타 봤어요.
V타다+-아 보다
한복을 입어 봤어요.
V입다+-어 보다
수업시간에 발표해 봤습니다.
V발표하다+-해 보다

② V -아/어/해 보세요

부산에 한번 가 보세요.
V가다+-아 보세요
사진을 한번 찍어 보세요.
V찍다+-어 보세요
한국사람과 이야기해 보세요.
V이야기하다+-해 보세요

③ V -(으)ㄴ/는/(으)ㄹ N

지난 주에 찍은 사진이에요.
V찍다+은
누가 쓴 편지예요?
V쓰다+-ㄴ
큰 소리로 웃는 사람이 유미예요.
V웃다+는
상은씨가 보는 영화가 재미있어요?
V보다+는
책을 읽을 시간이 없어요.
V읽다+을
나에게 할 말이 있어요?
V하다+ㄹ

④ V -(으)ㄹ 수 있다/없다

어제 다리를 다쳤어요. 그래서 운전을 할 수 없어요.
V하다+-ㄹ 수 없다

작년에 한국어를 배웠어요. 한국 신문을 읽을 수 있어요.
V읽다+-을 수 있다

⑤ N(이)나 N/V-거나

아침에 빵이나 밥을 먹지 않아요.
N 받침 O
한국 영화나 드라마를 매일 봐요.
N 받침X
주말에 청소를 하거나 친구를 만나요.
V

V1 취미

1. 다음 그림을 보고 알맞은 것을 써 보세요.

수영(를) 하다	피아노를 치다	영화를 보다
요리(를) 하다	기타를 치다	음악을 듣다
게임(을) 하다	골프를 치다	책을 읽다
축구(를) 하다	테니스를 치다	그림을 그리다

스포츠	문화	활동

1)	2)	3)

4)	5)	6)

7)	8)	9)

10)	11)	12)

G1 -아/어/해 봤다

1. 바꿔 보세요.

ㅏ, ㅗ → O : -아 봤다

가다 ➡

오다 ➡

ㅏ, ㅗ → X : -어 봤다

먹다 ➡

입다 ➡

-하다 → -해 봤다

공부하다 ➡

연락하다 ➡

1) 제주도에 (가 봤어요/ 가어 봤어요/ 가해 봤어요).
2) 한복을 (입아 봤어요/ 입어 봤어요/ 입해 봤어요).
3) 외국어를 (공부아 봤어요/ 공부어 봤어요/ 공부해 봤어요).

2. 질문에 대답해 보세요.

1)

A: 한복을 입어 봤어요?

B: (네 / 아니요),

한복을 안 입어 봤어요.

2)

A: 삼계탕을 먹어 봤어요?

B: (네 / 아니요),

______________.

3)

A: 발레를 배워 봤어요?

B: (네 / 아니요),

______________.

4)

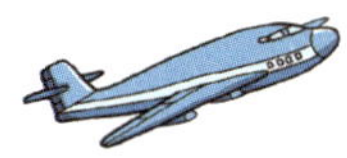

A: 비행기를 타 봤어요?

B: (네 / 아니요),

______________.

5)

A: 제주도에 가 봤어요?

B: (네 / 아니요),

______________.

6)

A: 자동차를 운전해 봤어요?

B: (네 / 아니요),

______________.

G2 -아/어/해 보세요

3. 바꿔 보세요.

ㅏ, ㅗ → O : -아 보세요

가다 ➡

오다 ➡

ㅏ, ㅗ → X : -어 보세요

마시다 ➡

읽다 ➡

-하다 → -해 보세요

공부하다 ➡

이야기하다 ➡

1) 부산에 친구들과 (가 보세요/ 가어 보세요/ 개해 보세요).
2) 이 책을 한번 (읽아 보세요/ 읽어 보세요/ 읽해 보세요).
3) 부모님과 (이야기아 보세요/ 이야기어 보세요/ 이야기해 보세요).

4. 문장을 완성해 보세요.

먹다 마시다 가다 입다 이야기하다

1) 이번 방학에 이탈리아에 가요? 그럼 스파게티를 한번 ______________.
2) 손님, 우리 가게는 옷이 아주 싸요. 들어 와서 한번 ______________.
3) 한국어를 잘하고 싶으세요? 한국 친구와 매일 한국어로 ______________.
4) 한국 음식을 좋아해요? 한국의 전통차도 한번 ______________.
5) 경복궁을 몰라요? 한번 ______________. 재미있을 거예요.

G3 V-(으)ㄴ/는/(으)ㄹ N

5. 바꿔 보세요.

받침 O	-은	-는	-을

먹다 ➡

읽다 ➡

받침 X	-ㄴ	-는	-ㄹ

보다 ➡

만나다 ➡

먹다 ➡

읽다 ➡

6. 다음 그림을 보고 알맞은 말을 써 보세요.

1)

지금 ____ 물

어제 ____ 물 내일 ____ 물

2)

영화를 ____ 사람

영화를 ____ 사람 영화를 ____ 사람

3)

내일 ____ 케이크

아침에 ____ 사과 지금 ____ 라면

4)

수업 후에 ____ 책

지난주에 ____ 책 지금 ____ 책

7. 다음 그림을 보고 질문에 대답해 보세요.

1) 어떤 사람이 지안 씨예요?

   책을 읽는 사람이 지안 씨예요.

2) 어떤 사람이 유미 씨예요?

   ____

3) 어떤 사람이 지훈 씨예요?

   ____

4) 어떤 사람이 중기 씨예요?

   ____

5) 어떤 사람이 재석 씨예요?

   ____

G4 V-(으)ㄹ 수 있다/없다

8. 바꿔 보세요.

받침 O → -을 수 있다/없다

먹다 ➡

읽다 ➡

받침 X → -ㄹ 수 있다/없다

만나다 ➡

수영하다 ➡

1) 매운 음식을 (먹을/ 먹) 수 있어요?

2) 바빠서 친구를 (만나을/ 만날) 수 없어요.

9. 질문에 대답해 보세요.

1) A: 운전할 수 있어요?

   B: (네/아니요), ______________________.

2) A: 프랑스어를 읽을 수 있어요?

   B: (네/아니요), ______________________.

3) A: 김치를 만들 수 있어요?

   B: (네/아니요), ______________________.

4) A: 스키를 탈 수 있어요?

   B: (네/아니요), ______________________.

5) A: 피아노를 칠 수 있어요?

   B: (네/아니요), ______________________.

10. 다음 그림을 보고 문장을 완성해 보세요.

1)

2)

3)

4)

1) 날씨가 좋아서 ______________________.

2) 주말이라서 ______________________.

3) 술을 많이 마셔서 ______________________.

4) 시끄러워서 ______________________.

G5 N(이)나 N / V-거나

11. 바꿔 보세요.

받침 O → 이나

밥, 빵 ➡

선물, 꽃 ➡

받침 X → 나

영화, 드라마 ➡

주스, 커피 ➡

받침 O, X : -거나

먹다, 마시다 ➡

보다, 읽다 ➡

12. 다음 그림을 보고 질문에 대답해 보세요.

1)

A: 인천공항에 어떻게 가요?

B: ________________ 을 타세요.

2)

A: 어디에서 만날까요?

B: ________________ 에서 만납시다.

3)

A: 캐리 씨 생일 선물로 무엇을 살 거예요?

B: ________________ 을 살 거예요.

4)

A: 여행을 가서 무엇을 할까요?

B: ________________ .(-(으)ㅂ시다)

5)

A: 어제부터 배가 아파요. 어떻게 해요?

B: ________________ .(-(으)세요)

6)

A: 이번 주말에 뭐 할 거예요?

B: ____________________.(-(으)ㄹ 거예요)

P

13. 다음 그림을 보고 [보기]와 같이 말해 보세요.

[보기]

A: 혼자 여행을 해 봤어요?
B: 네, 혼자 여행을 해 봤어요.
A: 어땠어요?
B: 편하고 재미있었어요.

A: 혼자 여행을 해 봤어요?
B: 아니요, 여행을 안 해 봤어요.
A: 재미있어요.
혼자 여행을 해 보세요.

1)

2)

3)

4)

14. 다음 글을 읽고 알맞은 말로 바꿔 보세요.

우리 반에는 여러 나라에서 (1)오다) 사람들이 많이 있습니다. 노래를 (2)잘하다) 사람, 술을 잘 (3)마시다) 사람, (4)재미있다) 이야기를 많이 (5)알다) 사람, 춤을 잘 (6)추다) 사람, 매일 초콜릿을 (7)먹다) 사람, 한국 음식을 잘 (8)만들다) 사람 등 정말 다양합니다. 한국 친구가 (9)많다) 사람도 있고 한국 친구가 (10)없다) 사람도 있습니다. 가족과 같이 (11)살다) 사람, 그리고 혼자 사는 사람도 있습니다. 벌써 (12)결혼하다) 사람도 있고 아직 (13)결혼하지 않다) 사람도 있습니다. 이번 학기가 끝나고 대학원에 (14)가다) 사람도 있지만, 다음 학기에도 계속 한국말을 (15)배우다) 사람도 있습니다. 한국말을 배우고 앞으로 한국에서 (16)살다) 사람도 있고, 고향으로 (17)돌아가다) 사람도 있습니다. 하지만 제가 (18)좋아하다) 우리 반 친구들과 앞으로도 계속 연락을 하고 싶습니다.

1) 온　　2) ______
3) ______　　4) ______
5) ______　　6) ______
7) ______　　8) ______
9) ______　　10) ______

11) ________ 12) ________

13) ________ 14) ________

15) ________ 16) ________

17) ________ 18) ________

E

Q: 취미가 뭐예요?

A: 제 취미는 V–는 것이에요.

저는 V–는 것을 좋아해요.

저는 <u>축구</u>나 <u>농구</u> 같은 N을 좋아해요.

R

1. 다음을 읽고 '나'는 어떤 사람인지 말해 보세요.

(예: YES, 아니오: NO)

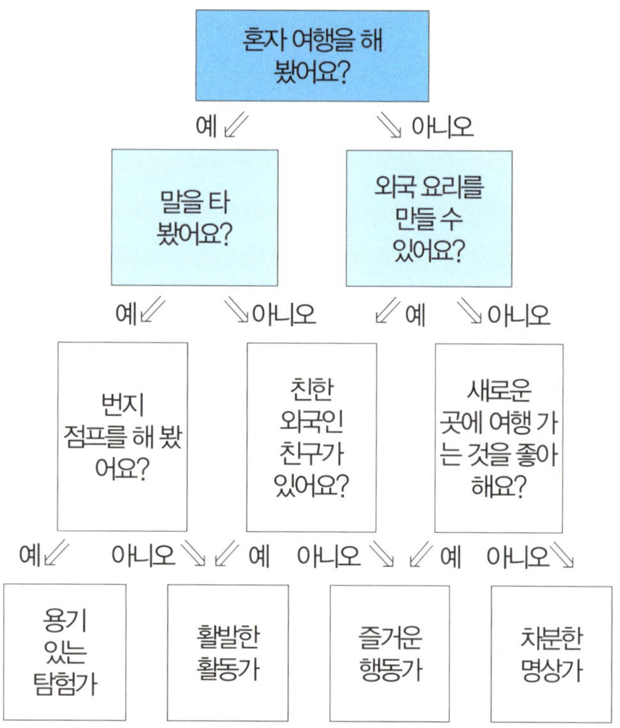

W

2. 여러분의 친구를 소개해 보세요. 어떤 친구가 있어요?

저는 친구가 많이 있습니다.

▶ 정리해 봅시다

1. 취미가 뭐예요?

____

2. 특별한 경험을 말해 보세요.

____

3. 친구들은 못 하지만 나만 할 수 있는 것을 말해 보세요.

____

4. 친구가 여러분의 고향에서 여행을 할 때, 추천하고 싶은 것을 말해 보세요. (음식, 장소 등)

____

____

____

13 기숙사에 돌아와서 연락할게요.

KEY POINT

1. 빈도(frequency)를 말할 수 있다.

(O, X)

2. 부사(adverb)를 사용하여 말할 수 있다.

(O, X)

3. 문법을 정리해 보세요.

① N 때문에

눈 때문에 길이 막혀요.
N

감기 때문에 학교에 못 갔어요.
N

② V-(으)ㄹ 게요

제가 전화를 받을게요.
V받+-을게요

내일부터 일찍 올게요.
V오+-ㄹ 게요

③ V기 전에

밥을 먹기 전에 손을 씻어요
V먹+기전에

청소하기 전에 창문을 열어요.
V청소하+-기 전에

④ V-(으)ㄴ 후에

밥을 먹은 후에 산책을 할 거예요.
V먹+-은 후에

영화를 본 후에 커피를 마셨어요.
V보+-ㄴ 후에

⑤ V/A-(으)ㄹ 까요? : 추측

내일 날씨가 좋을까요?
A좋+-을까요?

세아씨가 이 책을 살까요?
V사+-ㄹ 까요?

V1 빈도 부사

1. 다음 그림을 보고 알맞은 것을 [보기]에서 찾아 써 보세요.

[보기]

100% … 0%

항상/언제나 자주 가끔 별로 거의 전혀

저는 매일 일찍 일어나요. 1)_____ 아침 7시에 일어나서 우유를 마셔요. 그리고 일주일에 다섯 번 수영장에 가요. 2)_____ 수영을 해요. 그리고 한 달에 한 번 정도 여행을 가요. 여행을 정말 좋아해서 많이 가고 싶지만 바빠서 3)_____ 여행을 가요. 하지만 저는 술은 좋아하지 않아요. 그래서 술을 4)_____ 마시지 않아요. 그리고 담배 냄새를 정말 싫어해요. 그래서 담배를 5)_____ 피우지 않아요.

V2 부사

2. 반대 의미의 부사를 [보기]에서 찾아 써 보세요.

[보기]

못	함께	천천히
조금	일찍	오래

1) 빨리 ↔ ____________

2) 혼자 ↔ ____________

3) 잘 ↔ ____________

4) 잠깐 ↔ ____________

5) 많이 ↔ ____________

6) 늦게 ↔ ____________

3. 다음 그림을 보고 문장을 완성해 보세요.

1) 

어제 피곤해서 잠을 ______ 잤어요.

2) 

커피를 많이 마셔서 잠을 ______ 잤어요.

3) 

저는 친구가 ______ 있어요.

4) 

저는 친구가 ______ 있어요.

5) 

약속에 늦었어요. ______ 운전해요.

6) 

시간이 많아요. ______ 운전해요.

7) 

밖이 시끄러워서 ______ 일어났어요.

8) 

너무 피곤해서 ______ 일어났어요.

G1 N 때문에

1. 바꿔 보세요.

N 때문에

눈 ➡	날씨 ➡
두통 ➡	감기 ➡

2. [보기]에서 알맞은 것을 찾아 질문에 대답해 보세요.

보기

날씨	수업	눈
두통	복통	시험

1) A: 왜 약을 샀어요?

B: ______________ 약을 샀어요.

2) A: 왜 전화를 안 받았어요?

B: ______________ 못 받았어요.

3) A: 왜 등산을 안 갔어요?

B: ______________ 등산을 못 갔어요.

4) A: 왜 점심을 안 먹었어요?

B: ______________ 점심을 못 먹었어요.

5) A: 왜 생일 파티에 안 갔어요?

B: ______________ 생일 파티에 못 갔어요.

6) A: 왜 이렇게 열심히 공부해요?

B: ______________ 공부하고 있어요.

3. 문장을 완성해 보세요.

1) 감기: 감기 때문에 병원에 갔어요.

2) 술: ________________

3) 친구: ________________

4) 사랑: ________________

5) 돈: ________________

6) 컴퓨터 게임: ________________

G2 V-(으)ㄹ게요

4. 바꿔 보세요.

받침 O → -을 게요

먹다 ➡

만들다 ➡

받침 X → -ㄹ게요

사다 ➡

드리다 ➡

1) 할머니, 제가 도와 (드릴게요/들게요).

2) 제가 불고기를 (만들게요/만들을게요).

5. 대화를 완성해 보세요.

1) A: 제가 요리했어요. 맛있게 드세요.

B: 네, 고마워요. 맛있게 ________.

2) A: 술은 건강에 안 좋아요.

B: 네, 이제 술을 안 ________.

3) A: 문 좀 열어 주세요.

B: 네, 제가 ________.

4) A: 누가 비빔밥을 만들 거예요?

B: 제가 비빔밥을 ________.

5) A: 오늘 커피는 제가 ________.

B: 고마워요.

G3 V-기 전에

6. 바꿔 보세요.

받침 O

먹다 ➡

입다 ➡

받침 X

가다 ➡

청소하다 ➡

1) 밥을 ________ 손을 씻으세요.

2) 청소를 ________ 창문을 열었어요.

7. 차례대로 이어 문장을 완성해 보세요.

1) 운동하다 → 샤워하다

____

2) 이를 닦다 → 머리를 빗다

____

3) 창문을 열다 → 청소를 하다

____

4) 장을 보다 → 요리를 하다

____

8. 질문에 대답해 보세요.

1) A: 저는 다음 주에 미국으로 가요.
B: 그럼 미국에 ________ 한번 만납시다.

2) A: 이제 영화가 시작해요. 휴대 전화를 끄세요.
B: 영화가 ________ 휴대 전화를 끌게요.

3) A: 지금 한국어를 공부해요? 아까 뭐 했어요?
B: 한국어를 ________ 커피를 마셨어요.

4) A: 빨리 수영을 합시다.
B: ________ 먼저 준비 운동을 하세요.

5) A: 회의하고 같이 밥 먹을까요?
B: 저는 ________ 밥을 먹었어요.

G4 V-(으)ㄴ 후에

9. 바꿔 보세요.

받침 O

먹다 ➡

읽다 ➡

받침 X

사다 ➡

만나다 ➡

1) 밥을 (먹은/먹는) 후에 커피를 마실 거예요.

2) 책을 (산/사는) 후에 친구를 만났어요.

10. 문장을 완성해 보세요.

1) 항상 손을 ________ 식사하세요.

2) 어제 밥을 ________ 산책했어요.

3) 커피를 ________ 영화를 봤어요.

4) 편지를 ________ 친구에게 줬어요.

11. [보기]에서 알맞은 것을 찾아 질문에 대답해 보세요.

보기

끝나다	보다	일어나다
돌아가다	운동하다	

1) A: 지희 씨는 보통 퇴근하고 뭐 해요?
B: 저는 일이 ________ 운동을 해요.

2) A: 영화를 먼저 볼까요? 밥을 먼저 먹을까요?
B: 영화를 ________ 밥을 먹고 싶어요.

3) A: 준코 씨는 다시 일본에 가서 뭐 할 거예요?
B: 일본에 ________ 취직 공부할 거예요.

4) A: 운동 끝나고 같이 밥 먹어요.
B: 미안해요. ________ 약속이 있어요.

5) A: 찬우 씨는 아침에 제일 먼저 뭐 해요?
B: 아침에 ________ 물을 마셔요.

G5 V/A-(으)ㄹ까요?:추측

※ V/A-(으)ㄹ 거예요.

12. 바꿔 보세요.

받침 O → -을까요?

먹다 ➡

읽다 ➡

많다 ➡

*멀다 ➡

받침 X → -ㄹ까요?

자다 ➡

결혼하다 ➡

예쁘다 ➡

깨끗하다 ➡

1) 누가 책을 제일 많이 (읽까요/읽을까요)?

2) 학교에서 지하철역까지 (멀까요/멀을까요)?

13. 차례대로 이어 문장을 완성해 보세요.

1) 에밀리 / 지금 / 집에 있다

→ ______________________

2) 피터 / 음식 / 잘 만들다

→ ______________________

3) 칸 / 내일 / 바쁘다

→ ______________________

4) 내일 / 시험 / 쉽다

→ ______________________

5) 그 가수 / 키가 크다

→ ______________________

6) 이 사람 / 몇 살이다

→ ______________________

14. 대화를 완성해 보세요.

1) A: 이 옷이 __________? (비싸다)

B: 네, 아마 __________.

2) A: 이 영화가 __________? (재미있다)

B: 아니요, 아마 __________. (무섭다)

3) A: 지금 제주도가 __________? (춥다)

B: 네, 아마 __________.

4) A: 이번 시험이 __________? (어렵다)

B: 아니요, 아마 __________. (쉽다)

5) A: 친구가 선물을 __________? (좋아하다)

B: 네, 아마 정말 __________.

P

15. 알맞은 것을 찾아 대화를 완성해 보세요.

1) A: 오늘 3시에 서울역에서 만날까요?

B: 네, 서울역으로 (갈게요/갈 거예요).

2) A: 오늘 저녁에 뭐 (할게요/할 거예요)?

B: 친구를 (만날게요/만날 거예요.)

3) A: 누가 꽃을 (준비할게요/준비할 거예요)?

B: 정은 씨가 (준비할게요/준비할 거예요).

C: 네, 제가 (준비할게요/준비할 거예요).

16. 다음 그림을 보고 문장을 완성해 보세요.

1)

– 밥을 먹기 전에 손을 씻어요.

– 손을 씻은 후에 밥을 먹어요.

2)

–

–

3)

–

–

4)

–

–

E

♫ 너 때문에 - 애프터스쿨

...(생략)
너 때문에 많이도 울었어.
너 때문에 많이도 웃었어.
너 때문에 사랑을 믿었어.
너 때문에 너 때문에 모두 다 잃었어.
...(생략)

R

1. 무엇을 했어요? 글을 읽고 문장을 완성해 보세요. 그리고 그림을 순서대로 정리하세요.

저는 오늘 1)________ 밥을 먹었어요. 밥을 2)________ 손을 깨끗이 씻었어요. 밥을 3)________ 공원에 운동하러 갔어요. 공원에서 4)________ 커피를 한 잔 마셨어요. 공원에서 집에 가서 샤워를 했어요. 6)________ 옷을 입었어요. 옷을 7)________ 머리도 빗었어요. 옷을 8)________ 청소를 했어요. 9)________ 창문을 열였어요. 오늘은 조금 피곤하지만 기분 좋은 하루였어요.

W

2. 오늘 하루 동안 무엇을 했어요? 오늘 한 일을 써 보세요.

저는 오늘 아침에 ______________________

____

____

____

____

____

____

____

▶ 정리해 봅시다

1. 항상 가지고 있는 것이 있어요?
   저는 항상 ______________________.

2. 자주 가는 곳이 있어요?
   저는 자주 ______________________.

3. 가끔 만나는 사람이 있어요?
   저는 가끔 ______________________.

4. 전혀 안 먹는 음식이 있어요?
   저는 ______________________.

듣기지문

Listening

인사표현 p14

2. 그림과 함께 인사말을 들어 보세요. 그리고 따라해 보세요.

1번 남: 안녕하세요?
여: 안녕하세요?
2번 여: 안녕히 가세요.
남: 안녕히 계세요.
3번 여: 주말 잘 보내세요.
남: 네, 주말 잘 보내세요.
4번 남1: 만나서 반갑습니다.
남2: 만나서 반가워요.
5번 여: 미안해요.
남: 아니에요. 괜찮아요.
6번 여: 축하해요.
남: 고마워요.
7번 여: 맛있게 드세요.
남: 잘 먹겠습니다.
8번 남: 잘 먹었습니다.

교실표현 p14~15

듣고 따라하세요.

1번 책을 펴세요.
2번 책을 덮으세요.
3번 따라하세요
4번 10(십)분 쉬세요.
5번 보세요.
6번 쓰세요.
7번 읽으세요.
8번 잘 들으세요.
9번 크게 말하세요.
10번 대답하세요.
11번 질문 있어요?
12번 숙제입니다.

듣고 따라하세요.

1번 알겠습니다.
2번 모르겠습니다.
3번 쉬워요.
4번 어려워요.
5번 무슨 뜻이에요?
6번 써 주세요.
7번 천천히 말해 주세요.
8번 다시 말해 주세요.

숫자1 p16~17

1. 다음을 잘 듣고 따라해 보세요.

영 일 이 삼 사 오 육 칠 팔 구 십

3. 듣고 알맞은 숫자를 고르세요.

보기 여: 이
남: 이
1번 여: 육
남: 육
2번 여: 십육
남: 십육
3번 여: 사십팔
남: 사십팔
4번 여: 이백칠십일
남: 이백칠십일
5번 여: 삼천사백
남: 삼천사백

4. 듣고 알맞은 숫자를 쓰세요.

보기 여: 육십 구
남: 육십 구
1번 여: 오십 칠
남: 오십 칠
2번 여: 백 십 사
남: 백 십 사
3번 여: 구백 십 일
남: 구백 십 일
4번 여: 천 오백 사십

남: 천 오백 사십
5번 여: 팔천 이백 사십 육
남: 팔천 이백 사십 육

숫자2 p18

1. 다음을 잘 듣고 따라해 보세요.

영/공 하나 둘 셋 넷 다섯 여섯 일곱 여덟 아홉 열
열 스물 서른 마흔 쉰 예순 일흔 여든 아흔 백

3. 듣고 알맞은 숫자를 고르세요.

보기 여: 셋
남: 셋
1번 여: 여섯
남: 여섯
2번 여: 열일곱
남: 열일곱
3번 여: 스물넷
남: 스물넷
4번 여: 일흔여덟
남: 일흔여덟
5번 여: 여든다섯
남: 여든다섯

4. 듣고 알맞은 숫자를 쓰세요.

보기 여: 예순둘
남: 예순둘
1번 여: 마흔하나
남: 마흔하나
2번 여: 예순아홉
남: 예순아홉
3번 여: 서른둘
남: 서른둘
4번 여: 아흔여섯
남: 아흔여섯
5번 여: 쉰여섯
남: 쉰여섯

1과 한글

모음 1 p25

1. 다음을 듣고 그림에 알맞은 이름을 써 보세요.

1번 오
2번 이
3번 아이
4번 오이

자음 2 p25

4. 다음을 듣고 그림에 알맞은 글자를 써 보세요.

1번 나비
2번 노래
3번 아래
4번 아기
5번 머리
6번 라디오

자음 3 p26

6. 다음을 듣고 그림에 알맞은 이름을 써 보세요.

1번 차
2번 초
3번 혀
4번 코트
5번 커피
6번 기타
7번 파리
8번 포도
9번 고추
10번 호두
11번 카메라
12번 토마토

자음 4 p27

9. 다음을 듣고 알맞은 것을 고르세요.

1번 까치
2번 토끼

3번 뽀뽀
4번 오빠
5번 아빠
6번 찌개
7번 허리띠
8번 머리띠

받침 1 p28

11. 다음을 듣고 받침이 다른 것을 고르세요.

1번 눈 돈 사진 과일
2번 발 팔 밤 교실
3번 밤 잠 김치 라면
4번 사람 사랑 빵 공
5번 발 병 교실 과일

받침 2 p28

다음 그림에 알맞은 것을 고르세요.

1번 ①창 ②찬 ③책 ④참
2번 ①주방 ②거실 ③안방 ④부엌
3번 ①옴 ②옷 ③운 ④올
4번 ①꿈 ②꾼 ③꽃 ④꼭
5번 ①집 ②짐 ③직 ④짓
6번 ①잇 ②잎 ③인 ④입

2과 안녕하세요?

1. 다음을 듣고 빈칸에 알맞은 것을 써 보세요. p31

1번 한국
2번 일본
3번 브라질
4번 러시아
5번 나이지리아

3과 지우개가 책상 위에 있어요.

5. 다음을 듣고 어디에 있는지 써 보세요. p40

1번 여: 노트가 가방 뒤에 있어요.
2번 남: 신발이 가방 아래에 있어요.
3번 여: 책이 모자 옆에 있어요.
4번 남: 우산이 가방 오른쪽에 있어요.
5번 여: 지갑이 가방 안에 있어요.

10. 대화를 듣고 알맞은 것을 찾아보세요. p43

1번 남: 미영 씨, 이것은 뭐예요?
여: 이것은 휴대 전화예요.
2번 남: 이것은 한국어 사전이에요?
여: 아니요. 한국어 공책이에요.

6과 주말에 무엇을 했어요?

2. 다음을 듣고 숫자를 써 보세요. p59

1번 남: 딸이 몇 살이에요?
여: 여섯 살이에요.
2번 남: 이거 얼마예요?
여: 네 개 만 원이에요.
3번 여: 강의실에 몇 명이 있어요?
남: 서른 명이 있어요.
4번 여: 죄송하지만 나이가 어떻게 되세요?
남: 올해 마흔입니다.

6. 다음을 듣고 질문에 대답해 보세요. p60

1번 여: 다음달 7월 8일에 고등학교를 졸업해요. 9월에는 유학을 가요.
2번 남: 저의 45번째 생일은 5월 29일이에요. 그 때 혼자 여행을 갈 거예요.
3번 남: 제 여자 친구 이현과 저는 내년 10월 16일에 결혼을 해요. 중국에서 3일 동안 파티를 해요.

8. 사라의 지난 주말 이야기입니다. 잘 듣고 알맞는 그림을 찾아보세요. p63

1번 여: 1번 토요일 저녁 늦게까지 남동생이랑 집에서 영화를 봤어요. 옛날 영화를 보고 맥주와 치킨을 먹었어요.
2번 여: 2번 일요일 오후, 소파에서 TV를 봤어요. 슬픈 영화를 보고 부모님이 생각났어요. 부모님께 전화를 했어요.
3번 여: 3번 지난 토요일 아침, 남동생에게 전화가 왔어요. 우리는 한 시간 동안 이야기했어요. 전화를 끊고 청소했어요.
4번 여: 4번 일요일 점심, 밥을 먹고 커피를 마셨어요. 커피를 마시고 낮잠을 잤어요.

11과 영화도 보고 쇼핑도 할까요?

쇼핑 p95~96

1. 다음을 듣고 알맞은 것을 써 보세요.

1번
남: 어서 오세요. 뭘 찾으세요?
여: 치마를 좀 보고 싶어요.
남: 네. 이 치마가 요즘 유행하는 스타일이에요.
여: 음, 좀 짧아요.
남: 그럼 이 원피스는 어때요?
여: 입어 볼 수 있어요?
남: 그럼요, 저쪽 탈의실에서 입어 보세요.
여: 네, 이 청바지도 입어 볼게요.

2번
여: 어서 오세요.
남: 딸기 있어요?
여: 네, 한 팩에 7,000원이에요. 오늘 오렌지도 맛있어요.
남: 그래요? 오렌지는 얼마예요?
여: 18개에 10,000원이에요.
남: 좀 비싸요.
여: 그럼 포도는 어떠세요? 오늘 포도도 괜찮아요. 싸고 아주 달아요.
남: 네, 그럼 딸기 한 팩이랑 포도 두 송이 주세요.

3번
여: 오늘 싱싱한 채소가 많이 있습니다. 양파는 한 망에 삼천 원입니다. 당근은 두 개에 천이백 원입니다. 버섯은 두 팩에 천오백 원이고 배추는 세 통에 육천 원입니다.

4번
남: 어서 오세요. 뭘 찾으세요?
여: 여름에 신을 구두를 사고 싶어요.
남: 네, 이쪽에서 보세요. 여기는 높은 구두이고 저쪽은 낮은 구두예요.
여: 이 구두 240 있어요?
남: 잠깐만요. 그 구두는 없고, 이 샌들은 사이즈가 있어요.
여: 다른 색도 있어요? 색이 좀 마음에 안 들어요.

답안지

Answer

준비 말해 봅시다.

V1 인사표현

1.

1) ⑨
2) ⑩
3) ⑤
4) ②
5) ⑧ ③
6) ⑥ ⑦
7) ④
8) ①

V3 가족 어휘

1.

1) ⑦ ② ⑨
2) ⑩ ① ⑧
3) ③ ⑥ ④
4) ⑪
5) ⑫

2.

① 할아버지
② 외할아버지
③ 할머니
④ 외할머니
⑤ 여동생
⑥ 오빠

3.

① 할아버지
② 할머니
③ 아버지
④ 어머니
⑤ 오빠
⑥ 나
⑦ 여동생
⑧ 아기

① 외할아버지
② 할아버지
③ 할머니
④ 아버지
⑤ 어머니
⑥ 누나
⑦ 나

V4 숫자1

3.

1) ③
2) ①
3) ④
4) ②
5) ①

4.

1) 57
2) 114
3) 911
4) 1540
5) 8246

5.

1) 13
2) 26
3) 97
4) 241
5) 3574

6.

1) 이십 이
2) 팔십 삼
3) 이백 오십 구
4) 삼천 칠백 이십 구
5) 육천 백 이십 팔

V4 숫자2

3.

1) ③
2) ③
3) ②
4) ①
5) ④

4.

1) 41
2) 69
3) 32
4) 96
5) 56

5.

1) 14
2) 22
3) 70
4) 57
5) 91

6.

1) 여든여섯
2) 일흔아홉
3) 마흔여덟
4) 서른다섯
5) 예순셋

01 한글

종합문제

V1 모음1

1.

1) 오
2) 이
3) 아이
4) 오이

V2 자음1

2.

1) ①가게 ②가구
2) ①아버지 ②지도

3.

1) 두부
2) 베개
3) 사자
4) 세수

V1 자음2

4.

1) 나비
2) 노래
3) 아래
4) 아기
5) 이마
6) 라디오

V1 모음2

5.

1) 이야기 ②야구
2) ①여자 ②야자 ③여우 ④우유
3) ① → 유자 ② ↓ 유리 ②요리
   ③시계

V1 자음2

6.

1) 차
2) 초
3) 혀
4) 코트
5) 커피
6) 기타
7) 파리
8) 포도
9) 고추
10) 호두
11) 카메라
12) 토마토

7.

후	다	호	지	도	추	파	리
고	타	두	치	차	바	토	아
코	트	파	두	가	초	유	미
가	구	고	추	키	다	토	휴
매	도	마	도	게	이	마	커
라	고	주	포	도	푸	토	피
허	혀	보	두	여	도	코	비
카	메	라	애	기	타	라	피

V1 모음3

8.

1) ①회의 ②의사 ③사과 ④과자 ⑤의자
2) ①돼지 ②스웨터 ③웨이터 ④샤워

V1 자음4

9.

1) 까치
2) 토끼
3) 뽀뽀
4) 오빠

5) 아빠
6) 찌개
7) 허리띠
8) 머리띠

10.
1) 끄다
2) 따다
3) 짜다
4) 싸다
5) 쓰다
6) 찌다
7) 비싸다

V1 받침1

11.
1) 과일
2) 밤
3) 라면
4) 사람
5) 병

V2 받침2

12.
1) ③
2) ④
3) ②
4) ③
5) ①
6) ②

02 안녕하세요?

V1 나라/도시

1.
1) 한국
2) 일본
3) 브라질
4) 러시아
5) 나이지리아

2.
1) ㉠–영국
2) ㉡–호주
3) ㉢–베트남
4) ㉣–사우디아라비아
5) ㉤–중국

3.
1) 사우디아라비아
2) 러시아
3) 중국
4) 한국
5) 일본
6) 영국
7) 인도
8) 베트남
9) 호주
10) 나이지리아
11) 미국
12) 브라질

4.
1) 한국 – 서울
2) 중국 – 베이징
3) 일본 – 도쿄
4) 미국 – 워싱턴
5) 호주 – 캔버라

V2 직업

5.
1) 학생
2) 선생님
3) 의사
4) 회사원
5) 요리사
6) 가수
7) 경찰관
8) 주부

G1 N이에요/예요

1.
선생님이에요.
미국 사람이에요.
친구예요.
남자예요.
1) 남자예요.
2) 선생님이에요.

2.
2) 저는 학생이에요.
3) 저는 (   )이에요/예요.
4) 저는 (   )이에요/예요.
5) 제 전화번호는 OOO–OOO–OOOO이에요/예요.

G2 N은/는

3.
직업은
선생님은
저는
친구는
1) 저는
2) 선생님은

4.
2) 마리아 씨는 러시아 사람이에요.
마리아 씨는 회사원이에요.
3) 준코 씨는 일본 사람이에요.
준코 씨는 요리사예요.
4) 칸 씨는 인도 사람이에요.
칸 씨는 학생이에요.
5) 왕밍 씨는 중국 사람이에요.
왕밍 씨는 의사예요.

G3 N이/가

5.
연필이
선생님이
전화가
지우개가
1) 연필이
2) 지우개가

6.
1) 선생님이
2) 친구가
3) 라이언 씨
4) 교실이
5) 저것이

G7 N이/가 아니에요

7.
학생이 아니에요.
중국 사람이 아니에요.
의사가 아니에요.
여자가 아니에요.

8.
2) 의사가 아니에요.
3) 빵이 아니에요.
4) 커피가 아니에요.
5) 연필이 아니에요.

G5. N와/과

9.
양양과
선생님과
저와
사과와
1) 양양과
2) 저와

10.
2) 란과 미나
3) 밥과 빵
4) 앤디와 리사
5) 불고기와 비빔밥

11.
2) 란과 준코가 여자예요.
3) 란과 흐엉이 베트남사람이에요.
4) 란과 흐엉이 학생이 아니에요.
5) 앤디와 준코가 베트남 사람이 아니에요.

12.
1) 이름이 뭐예요?
2) 저는 양양이에요.
3) 어느 나라 사람이에요?
4) 저는 중국 사람이에요.
5) 직업이 뭐예요?
6) 저는 의사예요.
7) 누가 베트남 사람이에요?
8) 민꽝과 투이는 베트남 사람이에요.

13.
1) 은
2) 가
3) 는
4) 는, 이

R

1.

1) O

2) X

3) X

4) O

5) O

03 지우개가 책상 위에 있어요.

V1 사물

2.

1) 지갑
2) 안경
4) 시계
5) 모자
6) 연필
7) 우산
8) 가방
9) 공책
10) 책

3.

의자 빗 책상 충전기 연필 냉장고
필통 컴퓨터 달력 신발 열쇠 화장품
텔레비전 휴지 거울 안경 지갑

4.

1) 위
2) 아래
3) 안
4) 옆
5) 사이

5.

1) 뒤
2) 아래
3) 옆
4) 오른쪽
5) 안

G1 N의

1.

누구의
엄마의
샘의
선생님의

1) 샘의
2) 엄마의

2.

1) 엄마의 화장품이에요.
2) 민의 지갑이에요.
3) 누구의 안경이에요?
4) 누구의 휴대폰이에요?
5) 누구의 열쇠예요?/아빠의 열쇠예요.

G2 N도

3.

이것도, 연필도, 지우개도, 사과도
1) 저것도
2) 지우개도

4.

1) 는/도
2) 이/도
3) 는/도
4) 은/이
5) 이/은
6) 은/의/은/의

G3 N(장소/위치)에

5.

1) 교실에
2) 학교에

6.

1) 있어요
2) 없어요
3) 있어요
4) 없어요
5) 있어요

7.

1) 옆(왼쪽)
2) 아래
3) 옆(오른쪽)
4) 밖
5) 뒤
6) 앞
7) 과/사이
8) 위

G5 이/그/저 N

8.

1) 이것/이것
2) 이것/그것
3) 저것/저것

9.

1) B: 의자예요.
2) A: 저것이 뭐예요?
   B: 저것은 자전거예요.
3) A: 이것이 뭐예요?
   B: 그것은 우산이에요.
4) B: 네, 저것은 옷이에요.
5) B: 그것은 바나나예요.
6) B: 그것은 가방이에요.

10.

1) ③
2) ③

P

11.

1) 이/이것
2) 그/이것
3) 그/이
4) 이

E

이게
그게
저게

이건
그건
저건

이곳은
그곳은
저곳은

이분은
그분은
저분은

이 사람은
그 사람은
저 사람은

R

1.

B

2.

1) A
2) B
3) A
4) B
5) C

04 지금 어디에 가요?

V1 장소

1.

1)	으냉	은행✓	응행	운행
2)	커피숍✓	커피솝	코피숍	커피
3)	편이점	펀이점	편의점✓	편의첨
4)	벙원	병언	평원	병원✓
5)	경잘서	경찰소	경차서	경찰서✓
6)	우체극	우체국✓	우제국	오체국
7)	서점✓	서첨	소점	서정
8)	궁원	공언	공원✓	고원
9)	배카점	배화점	백하점	백화점✓
10)	수방서	소방소	서방서	소방서✓
11)	약꾹	약국✓	약구	악국
12)	뭉구점	문고점	문구점✓	문구정

2.
1) 백화점
2) 편의점
3) 영화관
4) 도서관
5) 문구점
6) 서검
7) 공원
8) 병원
9) 우체국
10) 약국
11) 소방서
12) 경찰서

V2 동사/형용사(I)

3.
1) 가다
2) 보다
3) 듣다
4) 닫다
5) 마시다
6) 걷다
7) 읽다
8) 좋아하다
9) 공부하다
10) 받다
11) 먹다
12) 만나다
13) 맛있다
14) 예쁘다
15) 재미있다
16) 친절하다

G1 V/A-아요/어요/해요

1.
가요
좋아요
먹어요
맛있어요
공부해요
친절해요
1) 먹어요
2) 좋아요
3) 공부해요

2.
1) 먹어요
2) 맛있어요
3) 읽어요
4) 재미있어요
5) 만나요
6) 친절해요

G2 N에 가다/오다

한국에 가요
식당에 가요
학교에 가요
기숙사에 가요

4.
1) 커피숍에 가요
2) 서점에 와요
3) 편의점에 가요
4) 학교에 가요
5) 집에 와요
6) 기숙사에 가요

5.
1) 식당에 가요
2) 병원에 가요
3) 학교에 가요
4) 크리스 씨가 편의점에 가요
5) 첸첸 씨가 커피숍에 가요
6) 흐엉 씨와 란 씨가 공원에 가요

G3 ㄷ불규칙

6.
받아요
닫아요
들어요
걸어요
1) 닫아요
2) 들어요

7.
1) 꽃을 받아요
2) 음악을 들어요
3) 문을 닫아요
4) 강아지와 걸어요

P

8.
㉰–㉱–㉲–㉳–㉮–㉴–㉯–㉵

9.
1) 들어요
2) 좋아해요
3) 봐요
4) 가
5) 재미있어요
6) 과
7) 에
8) 의
9) 을
10) 좋아해요
11) 와
12) 을

R

1.
1) 서점
2) 백화점
3) 병원
4) 편의점
5) 은행
6) 공원

2.

05 제주도에서 여행을 해요.

V1 동사/형용사(2)

1.

1) 벗다
2) 받다
3) 받다
4) 팔다
5) 배우다
6) 대답하다

2.

1) 차갑다
2) 춥다
3) 시원하다
4) 짧다
5) 어렵다
6) 가볍다
7) 좁다

G1 안 V/A

1.

안 먹다
안 읽다
안 많다
안 가다
공부 안 하다
안 친절하다
1) 공부 안 해요
2) 안 좋아해요

2.

1) 신문을 안 읽어요
2) 사람이 안 많아요
3) 빵을 안 먹어요
4) 친구를 안 만나요
5) 안 추워요

G2 V/A-지 않다

3.

앉지 않다
춥지 않다
마시지 않다
조용하지 않다
1) 마시지 않아요
2) 춥지 않아요

4.

저는 요즘 한국어를 배워요. 우리 반에 친구들이 많아요. 우리 반 선생님은 무섭지 않아요. 아주 친절해요. 수산나 씨는 술을 마시지 않아요. 메리 씨는 키가 크지 않아요. 하지만 눈이 아주 커요. 왕명 씨는 자주 학교에 오지 않아요. 흐엉 씨는 매일 숙제를 하지 않아요. 그래서 왕명 씨와 흐엉 씨는 선생님과 상담해요.

G3 V/A-(으)세요

5.

읽으세요
드세요
계세요
보세요
드세요
가세요
1) 읽으세요
2) 보세요
3) 드세요
4) 계세요

6.

1)

① 집에 아버지와 어머니께서 계세요.
② O
③ 어머니께서는 옷을 정리하세요.
④ 아버지께서는 할머니께 전화를 하세요.
⑤ 동생은 자요.

2)

① 집에 아버지와 어머니께서 계세요.

② 저와 오빠도 있어요.

③ 어머니께서는 편지를 쓰세요.

④ 오빠는 숙제를 해요.

⑤ O

G4 N에서

7.

서점에서

백화점에서

학교에서

제주도에서

1) 책을 사요

2) 쇼핑을 해요

8.

1) 학생식당에서 밥을 먹어요.

2) 커피숍에서 친구를 만나요.

3) 은행에서 통장을 만들어요.

4) 영화관에서 영화를 봐요.

9.

1) X

2) O

3) O

4) X

5) O

6) O

7) X

8) O

G5 N에게(=한테)

10.

동생에게/동생한테

선생님께

친구에게/친구한테

할아버지께

1) 동생에게/동생한테

2) 할아버지께

11.

1) 지원 씨가 준 씨에게 꽃을 줘요.

2) 양양 씨에게 편지를 써요.

3) 철수 씨가 선생님께 주스를 드려요.

4) 어머니께서 저에게 사과를 주세요.

5) 사치코 씨가 은행에 전화해요.

G6 ㅂ불규칙

12.

입어요

잡아요

좁아요

더워요

쉬워요

고마워요

도와요

1) 입어요

2) 더워요

3) 도와요

13.

1) 아니요, 김치는 너무 매워요.

2) 아니요, 기숙사 방이 너무 좁아요.

3) 아니요. 가방이 가벼워요.

4) 제주도가 아름다워요.

5) 한국어가 어려워요.

14.

1) 수업 후에 도서관에 가요?

2) 아니요, 저는 도서관에 안 가요.

3) 왜 주말에 백화점에 가요?

4) 백화점에서 친구 생일 선물을 사요.

5) 방학에 고향에 가요?

6) 아니요, 부모님께서 한국에 오세요.

7) 한국어 공부가 어때요?

8) 재미있어요. 하지만 조금 어려워요.

R

1.

(선물 가게)→ (옷 가게)→ (식당)→ (커피숍)

2.

1) X

2) X

3) O

4) O

5) X

06 주말에 무엇을 했어요?

V1 숫자

1.
하나 - 둘 - 셋 - 넷 - 다섯 -
여섯 - 일곱 - 여덟 - 아홉 - 열

2.
1) 6살
2) 4개 만 원
3) 30명
4) 40살

V2 시간

3.
1) 열한 시
2) 두 시 오 분
3) 네 시 십오 분
4) 열 시 삼십 분
5) 여섯 시 사십오 분
6) 여덟 시 오십 분
7) 두 시
8) 열두 시

4.
1) 다섯 시 십오 분이에요.
2) 일곱 시예요.
3) 한 시 오 분이에요.
4) 아홉 시 사십오 분이에요.
5) 여덟 시 삼십 분이에요.
6) 낮 열두 시예요. / 정오예요.
7) 밤 열두 시예요. / 자정이에요.
8) 세 시 사십 분이에요.

V3 날짜/요일

5.
1) 이월
2) 시월
3) 팔월
4) 사월
5) 화요일
6) 일요일

6.
1) 7월 8일, 9월
2) 5월 29일
3) 10월 16일

7.
1) 엄마의 생신은 팔월 육일이에요.
2) 다니엘의 생일은 시월 십일이에요.
3) 미셸의 생일은 유월 이십이일이에요.
4) 선생님의 생신은 오월 십오일이에요.
5) 동즈의 생일은 십이월 이십사일이에요.

G1 N에

1.
주말에
목요일에
여덟 시에
다음 주에
1)에
2)에

2.
1) 화요일에 아르바이트를 해요.
2) 월요일에 운동을 해요.
3) 금요일에 영화를 봐요.
4) 토요일 열두 시에 친구를 만나요.
5) A: 언제 회의를 해요?
B: 목요일에 회의를 해요.

G2 V/A-았/었/했-

3.

갔어요

왔어요

먹었어요

배웠어요

공부했어요

운동했어요

1) 갔어요

2) 먹었어요

3) 공부했어요

4.

〈동사〉

봤어요

잤어요

샀어요

읽었어요

마셨어요

배웠어요

말했어요

쇼핑했어요

질문했어요

대답했어요

노래했어요

청소했어요

들었어요

도왔어요

〈형용사〉

쌌어요

비쌌어요

높았어요

낮았어요

맛있었어요

맛없었어요

많았어요

적었어요

작았어요

길었어요

짧았어요

멋있었어요

예뻤어요

더웠어요

5.

1) 저는 강아지와 같이 월요일 아침에 산책했어요.

2) 저는 월요일 저녁에 부모님께 전화했어요.

3) 저는 화요일 오후와 목요일 오전에 커피숍에서 아르바이트를 했어요.

4) 저는 수요일 오전에 사라와 같이 요가를 했어요.

5) 서는 수요일 저녁에 동아리에 갔어요.

6) 저는 목요일 오후에 교수님과 상담을 했어요.

7) 저는 금요일 오후에 사라랑 같이 시험 공부를 했어요.

8) 저는 금요일 저녁에 컴퓨터를 샀어요.

G3 V/A-고

6.

먹고

많고

끝나고

크고

1) 끝나고

2) 크고

7.

1) 크고

2) 먹고

3) 공부하고

4) 찍고

5) 사람이고

8.

1) ②

2) ①

3) ④

4) ③

G5 N만

9.

과일만

공책만

친구만

커피만

1) 커피만

2) 책만

10.

1) 에만

2) 에서만

3) 에게만

4) 께만

5) 에만

6) 에만

7) 만

8) 만

9) 에게만

10) 에서만

11.

1) 일요일에 집 청소를 하고 빨래했어요.

2) 월요일에 책을 읽고 과제 준비를 했어요.

3) 유미는 화요일에 도서관에서 책을 조사하고 세 시에 발표 그룹 회의를 했어요.

4) 유미는 수요일에 교수님과 상담을 하고 태권도를 배우고 과제 준비를 했어요.

5) 목요일에는 여섯 시에 케이크를 사고 7시에 당다이 씨의 생일 파티를 하고 열 시 삼십 분에 온라인 강의를 들었어요.

6) 금요일에는 사랑와 영화를 보고 신발과 모자를 샀어요.

7) 토요일에는 열한 시에 친구들과 과제를 준비하고 엄마께 전화를 했어요.

R

1.

1) 완팅

2) 제주도

3) 선생님

4) 월요일

5) 네 시간

6) 해물 라면

W

1.

갔습니다

샀습니다

찾았습니다

시작했습니다

연습했습니다

07 모두 얼마예요?

V1 단위 명사

1) 다섯 개
2) 한 병
3) 두 권
4) 네 켤레
5) 한 마리
6) 세 잔
7) 두 송이
8) 네 명

G1 N에게서 = 한테서

1.
동생에게서/ 동생한테서
선생님께
친구에게서/ 친구한테서
제임에게서/ 제임스한테서
1) 제임에게서/ 제임스한테서
2) 선생님께

2.
1) 제임스에게서 꽃을 받아요.
2) 트엉에게서 질문을 받아요.
3) 양양에게서 전화를 받아요.
4) 교수님께 책을 받아요.

3.
1) 제임스에게서 꽃을 받아요.
2) 트엉에게서 질문을 받아요.
3) 양양에게서 전화를 받아요.
4) 교수님께 책을 받아요.

G2 V(으)세요

4.
입으세요
앉으세요
가세요
보세요
1) 앉으세요
2) 보세요

5.
1) 앉으세요
2) 보세요
3) 가세요
4) 들으세요
5) 오세요
6) 공부하세요

G3 V-지 마세요

6.
먹지 마세요
듣지 마세요
버리지 마세요
전화하지 마세요

7.
1) 마시지 마세요
2) 찍지 마세요
3) 타지 마세요
4) 피우지 마세요

8.
1) 먹지 마세요
2) 전화하지 마세요
3) 뛰지 마세요‘
4) 떠들지 마세요

G4 V/A-지만

9.
가지만
먹지만
비싸지만
힘들지만

10.

1) 공부하지만

2) 잘하지만

3) 좋아하지만

4) 멀지만

5) 비싸지만

6) 재미있었지만

11.

1) 제임스 씨는 밥을 많이 먹지만 수단 씨는 밥을 조금 먹어요.

2) 첸첸 씨는 술을 마시지만 칸 씨는 커피를 마셔요.

3) 빌리 씨는 여자 친구가 있지만 지훈 씨는 여자 친구가 없어요.

4) 저는 키가 크지만 형은 키가 작아요.

5) 여름은 덥지만 겨울은 추워요.

6) 어제는 날씨가 좋았지만 오늘은 날씨가 안 좋아요.

G5 N(으)로

12.

도서관으로

오른쪽으로

학교로

제주도로

1) 으로

2) 로

13.

1) 2층으로

2) 어디로

3) 학교 앞으로

4) 사무실로

5) 프랑스로

P

14.

1) 한국어로 이야기하세요.
라면을 먹지 마세요.

2) 맛있게 드세요.
크게 이야기하지 마세요.

3) 조용히 하세요.
앞 사람을 발로 차지 마세요.

4) 눈으로만 보세요.
사진을 찍지 마세요.

R

1.

한 병을

으로

두 권을

두 명을

으로

으로

08 선생님께서 어디에 계세요?

V1 높임 표현

1) ① 이/가 – 께서
② 은/는 – 께서는
③ 에게/한테 – 께
2) ① 이름 – 성함
② 나이 – 연세
③ 밥 – 진지
④ 생일 – 생신
⑤ 집 – 댁
3) ① 말하다 – 말씀하시다
② 있다 – 계시다
③ 없다 – 안 계시다
④ 아프다 – 편찮으시다
⑤ 주다 – 주시다

2.
1) 할머니께서 댁에 계십니다.
2) 선생님께서 교실에서 말씀하십니다.
3) 아버지께서 조금 편찮으십니다.
4) 저는 아버지께 신문을 드립니다.
5) 아저씨께서 저에게 용돈을 주십니다.

G1 V/A-ㅂ니까/습니까?

1.
읽습니까?
어렵습니까?
일합니까?
예쁩니까?
1) 읽습니까?
2) 일합니까?

G2 V/A-ㅂ니다/습니다

2.
먹습니다
많습니다
예쁩니다
공부합니다
1) 많습니다
2) 공부합니다

3.
1) 사람입니까? / 사람입니다.
2) 왔습니까? / 왔습니다.
3) 배웠습니까? / 배웠습니다.
4) 맛있습니까? / 맛있습니다.
5) 다릅니까? / 다릅니다.

4.
예) 저는 사치코입니다. 저는 학생이고 우리 가족은 여섯 명입니다. 할아버지는 의사이시고 할아버지의 생신은 시월 구일입니다. 할머니의 연세는 여든 셋이십니다. 어머니께서는 주부이시고 어머니의 연세는 마흔 둘이십니다. 아버지께서는 회사원이십니다. 제 동생은 네 살이고 제 동생의 생일은 삼월 사일입니다.

G3 V/A-(으)시

5.
읽으시다
드시다
계시다
보시다
드시다
주무시다
1) 읽으십니다
2) 보십니다
3) 드십니다
4) 계십니다

6.
1) 있습니다 → 계십니다
2) 친구께서 → 친구가

3) 했습니다 → 하셨습니다
4) 잡니다 → 주무십니다
5) 마십니까? → 드십니까?
6) 좋아하십니다 → 좋아합니다
7) 없습니다 → 안 계십니다
8) 말합니다 → 말씀하십니다
9) 이름이 뭐예요?
→ 성함이 어떻게 되세요?
10) 아픕니다 → 편찮으십니다

G4 N(시간)부터, N(시간)까지

7.
3월부터 5월까지
월요일부터 수요일까지
1시부터 4시까지
이번 주부터 다음 주까지
1) 부터, 까지
2) 부터, 까지

8.
1) 오후 1시부터 4시까지예요.
2) 8월 1일부터 10일까지예요.
3) 월요일부터 목요일까지예요.
4) 2시까지 게임을 했어요.
5) 매일 8시부터 10시까지 드라마를 봐요.

G5 V/A-겠-

9.
오겠습니다
시작하겠습니다
읽겠습니다
듣겠습니다
1) 시작하겠습니다
2) 듣겠습니다

10.
1) 네, 선생님. 열심히 공부하겠습니다.
2) 아니요, 회의 자료를 준비하겠습니다.
3) 네, 금요일까지 보고서를 제출하겠습니다.
4) 교수님, 제가 발표하겠습니다.
5) 반장하겠습니다.

G6 ㄹ탈락

11.

살아요	열어요
만들어요	멀어요
길어요	힘들어요
삽니다	엽니다
만듭니다	멉니다
깁니다	힘듭니다

12.
1) 저는 지금 케이크를 만듭니다.
2) 네, 부모님과 함께 삽니다.
3) 아니요, 회사에서 남산까지 멉니다.
4) 사무실이 9시에 문을 엽니다.
5) 꽃집에서 꽃을 팝니다.

P

13.
께서
계십니까?
께서는
안 계십니다
계십니까?
에
시작합니다
까지
기다리겠습니다
엽니다
있겠습니다
께
말씀드리겠습니다

R

1.

1) O

2) O

3) X

4) X

5) O

W

2.

안녕하십니까? 저는 데릭입니다. 저는 3년 전에 독일에서 왔습니다. 독일 대학교에서 한국어를 공부했습니다. 한국 친구에게서 한국 문화도 배웠습니다. 하지만 한국어는 좀 어렵습니다. 지금은 한국에서 회사에 다닙니다. 일이 조금 힘들지만 나쁘지 않습니다. 일이 모두 끝나고 학원에서 한국어를 배웁니다. 저는 앞으로 10년 동안 삽니다. 그래서 열심히 한국어를 공부합니다.

09 서울에서 부산까지 어떻게 가요?

V1 교통 수단

1.

1) A: 영통역에서 강남역까지 어떻게 가요?
   B: 영통역에서 지하철을 타고 강남역에서 내리세요.
2) A: 집에서 한강 공원까지 어떻게 가요?
   B: 집에서 한강 공원까지 자전거로 가요.
3) A: 인천 공항에서 광화문까지 어떻게 가요?
   B: 인천 공항에서 지하철을 타고 서울역에서 내리세요. 서울역에서 버스로 갈아타고 광화문에서 내리세요.
4) A: 서울역에서 남이섬까지 어떻게 가요?
   B: 서울역에서 기차를 타고 가평역에서 내리세요. 가평역에서 버스로 갈아타고 남이섬 정류장에서 내리세요. 남이섬 정류장에서 배로 갈아타고 남이섬에서 내리세요.
5) A: 인천 공항에서 한라산까지 어떻게 가요?
   B: 인청 공항에서 비행기를 타고 제주 공항에서 내리세요. 제주 공항에서 택시로 한라산에 가세요.

G1 V-(으)ㄹ 거예요: 계획

1.

읽을 거예요
찾을 거예요
탈 거예요
잘 거예요
1) 볼 거예요
2) 읽을 거예요

2.

1) 친구랑 밥을 먹고 영화를 볼 거예요.
2) 식당에서 밥을 먹고 집에 갈 거예요.
3) 운동을 하고 부모님께 전화할 거예요.
4) 고향에서 친구를 만날 거예요.
5) 가족과 함께 프랑스로 여행을 갈 거예요.

G2 V/A-(으)ㄹ 거예요: 추측

3.

1) 잘 모르지만 아마 회사원일 거예요.
2) 아마 음식이 맛있을 거예요.
3) 걸릴 거예요.
4) 회의 자료를 준비할 거예요.
5) 8월까지 더울 거예요.

G3 N(으)로: 수단

4.

빗으로
젓가락으로
카메라로
지하철로
1) 로
2) 으로

5.

1) 자전거로 회사에 갑니다.
2) 배로 제주도에 갑니다.
3) 비행기로 미국에 갑니다.
4) 차로 바닷가에 갑니다.
5) 지하철로 명동에 갑니다.

6.

1) 딸기로 주스를 만들었어요.
2) 카메라(사진기)로 사진을 찍었어요.
3) 연필로 그림을 그렸어요.
4) 칼로 사과를 깎았어요.
5) 비누로 손을 씻었어요.

G4 N에서, N까지

7.

병원에서 우체국까지
서울에서 부산까지
교실에서 기숙사까지
경찰서에서 가게까지
1) 에서, 까지
2) 에서, 까지

8.
1) 한국에서 중국까지 비행기로 갑니다.
2) 서울에서 부산까지 멉니다.
3) 집에서 백화점까지 가깝습니다.
4) 버스정류장에서 병원까지 30분 걸립니다.

9.
– 서울에서 인천까지 버스나 지하철로 갑니다.
– 서울에서 제주도까지 비행기로 갑니다.
– 서울에서 대전까지 기차나 버스로 갑니다.
– 서울에서 부산까지 기차나 버스로 갑니다. 그리고 부산에서 배로 갈아타고 제주도에 갑니다.

G5 V–아서/어서/해서: 순서

10.
찾아서
도와서
찍어서
써서
들어서
말해서
공부해서
전화해서
1) 찾아서
2) 만들어서

11.
1) 어제 친구를 만나서 같이 커피를 마셨습니다.
2) 은행에 가서 통장을 만들었습니다.
3) 요리를 해서 밥을 먹었습니다.
4) 코트를 벗어서 옷걸이에 걸었습니다.
5) 일어나서 아침을 먹었습니다.

G6 V–고 싶다

12.
가고 싶다
마시고 싶다
찾고 싶다
만들고 싶다
1) 가고 싶습니다
2) 만들고 싶습니다

13.
1) 날씨가 너무 더워서 물을 마시고 싶습니다.
2) 잠을 자고 싶습니다.
3) 택시를 타고 싶습니다.
4) 의자에 앉고 싶습니다.
5) 여행을 하고 싶습니다.

P

14.
일어나서
하고
먹고
가서
끝나고
만나서
마시고
돌아와서
만들어서
먹고
끝나고
씻어서
하고

R

1.
1) O
2) O
3) X
4) O
5) O
6) X
7) O

10 비가 와서 길이 많이 막혀요.

V1 계절과 날씨

1.

1) 봄
2) 겨울
3) 여름
4) 가을

2.

1) 맑아요.
2) 비가 와요.
3) 구름이 많아요.
4) 번개가 쳐요.
5) 비가 와요.
6) 흐려요.
7) 눈이 와요.
8) 바람이 불어요.
9) 안개가 꼈어요.

G1 ㅡ탈락

1.

써요
바빠요
아파요
씁니다
끕니다
바쁩니다
아픕니다
1) 써요
2) 꺼 주세요
3) 바빠요
4) 아픕니다

2.

1) 나빠요
2) 꺼요
3) 예뻐요
4) 아팠어요
5) 썼어요
6) 바빠서
7) 크고
8) 예쁘지만

G2 V/A-아서/어서/해서

3.

가서
좋아서
먹어서
맛있어서
공부해서
친절해서
1) 먹어서
2) 좋아서
3) 친절해서

4.

1) 걸려서
2) 아파서
3) 많아서
4) 좋아서
5) 좋아해서

5.

1) 머리가 아파서 회사에 안 갔어요.
2) 여자 친구와 헤어져서 술을 많이 마셔요.
3) 길에서 사람들이 싸워서 시끄러워요.
4) 커피를 좋아해서 매일 커피를 마셔요.

G3 못 V, V-지 못하다

6.

못 가다
못 사다
못 먹다
못 신다

가지 못하다
사지 못하다
먹지 못하다
신지 못하다
수영하지 못하다
요리하지 못하다
1) 못
2) 못
3) 못
4) 못

7.
1) 못 먹어요
2) 못 가요
3) 못 찾았어요
4) 못 타요
5) 못 쳐요

G4 V-(으)러 가다/오다/다니다

8.
먹으러 가다/오다/다니다
읽으러 가다/오다/다니다
사러 가다/오다/다니다
배우러 가다/오다/다니다
1) 사러
2) 먹으러

9.
1) 책을 사러 서점에 가요.
2) 책을 빌리러 도서관에 가요.
3) 영화를 보러 영화관에 가요.
4) 머리를 자르러 미용실에 가요.
5) 커피를 마시러 커피숍에 가요.
6) 약을 사러 약국에 가요.

10.
1) 커피를 마시러 가요.
2) 백화점에 가방을 사러 가요.
3) 책을 빌리러 가요.
4) 공원에 산책하러 가요.

G5 V-고 있다

11.
사고 있다
마시고 있다
먹고 있다
읽고 있다

12.
1) 읽고 있어요
2) 마시고 있어요
3) 산책하고 있어요
4) 자전거를 타고 있어요
5) 전화하고 있어요
6) 노래하고 있어요

13.
1) 가고 있어요
2) 자고 있었어요
3) 했어요 / 하고 있었어요?
일하고 있었어요
4) 산책하고 있을게요
5) 읽고 계세요

P

14.
1) 아파서 학교에 못 가요.
2) 휴대전화가 없어서 전화를 못 해요.
3) 비가 와서 산에 못 가요.
4) 시험이어서 친구와 못 놀아요.
5) 학생증이 없어서 책을 못 빌려요.
6) 시끄러워서 음악을 못 들어요.

R

1.

1) X

2) O

3) O

4) O

5) X

2.

반팔 티셔츠, 선글라스, 모자, 우산, 수영복, 카메라

11 영화도 보고 쇼핑도 할까요?

V1 쇼핑

1.

1) 원피스, 청바지, 치마, 셔츠
2) 딸기, 포도, 수박, 오렌지
3) 양파, 당근, 버섯, 배추
4) 부츠, 슬리퍼, 구두, 운동화

G1 N보다

1.

밥보다

만화책보다

사과보다

바지보다

1) 보다
2) 보다

2.

1) 저는 형보다 키가 커요.
2) 저는 바나나보다 포도를 좋아해요.
3) 저는 알앤비보다 힙합을 좋아해요.
4) 저는 지하철보다 버스로 많이 가요.
5) 저는 밥보다 빵을 자주 먹어요.

G3 A-(으)ㄴ

3.

작은

좋은

맛있는

매운

긴

싼

큰

예쁜

조용한

필요한

1) 작은
2) 예쁜
3) 맛있는
4) 매운
5) 긴

4.

1) 저는 마음이 따뜻한 사람이 좋아요.
2) 저는 예쁜 집에서 살고 싶어요.
3) 저는 맑은 날씨를 좋아해요.
4) 저는 착한 사람하고 결혼하고 싶어요.
5) 어제 맛있는 과일을 샀어요.

G3 V-(으)ㄹ까요?

5.

먹을까요?

읽을까요?

갈까요?

운동할까요?

1) 먹을까요?
2) 갈까요?
3) 만들까요?

6.

1) 먹을까요?
2) 영화를 볼까요?
3) 쇼핑할까요?
4) 만날까요?
5) 탈까요?

G4 V-(으)ㅂ시다

7.

찍읍시다

먹읍시다

봅시다

만납시다

1) 찍읍시다

2) 만납시다
3) 만듭시다

8.
1) 좋아요. 김치찌개를 먹으러 갑시다.
2) 같이 영화를 봅시다.
3) 그럼, 다음에 예매합시다.
4) 불고기를 주문합시다.
5) 프랑스로 여행을 갑시다.

G5 V-아/어/해 주세요

9.
사 주세요
도와 주세요
찍어 주세요
써 주세요
들어 주세요
말해 주세요
소개해 주세요
전화해 주세요
1) 사 주세요
2) 써 주세요
3) 전화해 주세요

10.
1) 닫아 주세요
2) 빌려 주세요
3) 찍어 주세요
4) 결혼해 주세요
5) 설명해 주세요

P

11.
1)
① 시간이 있어요?
② 쇼핑하러 갈까요?
③ 같이 갑시다.
④ 집으로 갈게요.
⑤ 알겠어요.

2)
① 어서 오세요.
② 어때요?
③ 유행하는 스타일이에요.
④ 마음에 안 들어요.
⑤ 잠깐만 기다려 주세요.

R

1.
1) ①
2) ②
3) ②

12 운동을 한번 해 보세요.

V1 취미

1.

1) 축구(를) 하다
2) 영화를 보다
3) 피아노를 치다
4) 테니스를 치다
5) 음악을 듣다
6) 요리(를) 하다
7) 수영(을) 하다
8) 그림을 그리다
9) 게임(을) 하다
10) 골프를 치다
11) 책을 읽다
12) 기타를 치다

G1 V-아/어/해 봤다: 경험

1.

가 봤다
타 봤다
먹어 봤다
입어 봤다
공부해 봤다
연락해 봤다

1) 가 봤어요
2) 입어 봤어요
3) 공부해 봤어요

2.

1) 아니요, 한복을 안 입어 봤어요.
2) 네, 삼계탕을 먹어 봤어요.
  /아니요, 삼계탕을 안 먹어 봤어요.
3) 네, 발레를 배워 봤어요.
  /아니요, 발레를 안 배워 봤어요.
4) 네, 비행기를 타 봤어요.
  /아니요, 비행기를 안 타 봤어요.
5) 네, 제주도에 가 봤어요.
  /아니요, 제주도에 안 가 봤어요.
6) 네, 자동차를 운전해 봤어요.
  /아니요, 자동차를 운전해 보지 않았어요.

G2 V-아/어/해 보세요

3.

가 보세요
타 보세요
마셔 보세요
읽어 보세요
공부해 보세요
이야기해 보세요

1) 가 보세요
2) 읽어 보세요
3) 이야기해 보세요

4.

1) 먹어 보세요
2) 입어 보세요
3) 이야기해 보세요
4) 마셔 보세요
5) 가 보세요

G3 V-(으)ㄴ/는/(으)ㄹ N

5.

먹은/먹는/먹을
읽은/읽는/읽을
본/보는/볼
만난/만나는/만날

6.

1) 어제 마신 물
  지금 마시는 물
  내일 마실 물
2) 영화를 본 사람
  영화를 보는 사람
  영화를 볼 사람

3) 아침에 먹은 사과
지금 먹는 라면
내일 먹을 케이크
4) 지난주에 읽은 책
지금 읽는 책
수업 후에 읽을 책

7.
1) 책을 읽는 사람이 지안 씨예요.
2) 커피를 마시는 사람이 유미 씨예요.
3) 농구를 하는 사람이 지훈 씨예요.
4) 전화를 하는 사람이 중기 씨예요.
5) 사진을 찍는 사람이 재석 씨예요.

G4 V-(으)ㄹ 수 있다/없다

8.
먹을 수 있다/ 먹을 수 없다
읽을 수 있다/ 읽을 수 없다
만날 수 있다/ 만날 수 없다
수영할 수 있다/ 수영할 수 없다
1) 먹을
2) 만날

9.
1) 네, 운전할 수 있어요.
/아니요, 운전할 수 없어요.
2) 네, 프랑스어를 읽을 수 있어요.
/아니요, 프랑스어를 읽을 수 없어요.
3) 네, 김치를 만들 수 있어요.
/아니요, 김치를 만들 수 없어요.
4) 네, 스키를 탈 수 있어요.
/아니요, 스키를 탈 수 없어요.
5) 네, 피아노를 칠 수 있어요.
/아니요, 피아노를 칠 수 없어요.

10.
1) 산책할 수 있어요
2) 만날 수 있어요
3) 운전할 수 없어요
4) 잠을 잘 수 없어요

G5 N(이)나 N / V거나 V

11.
밥이나 빵
선물이나 꽃
영화나 드라마
주스나 커피
먹거나 마시다
보거나 읽다

12.
1) 버스나 지하철
2) 커피숍이나 공원
3) 화장품이나 꽃
4) 등산을 하거나 수영을 합시다
5) 약을 먹거나 병원에 가세요.
6) 친구를 만나거나 영화를 볼 거예요.

P

14.
1) 온
2) 잘하는
3) 마시는
4) 재미있는
5) 아는
6) 추는
7) 먹는
8) 만드는
9) 많은
10) 없는
11) 사는
12) 결혼한
13) 결혼하지 않은
14) 갈
15) 배울
16) 살
17) 돌아갈
18) 좋아하는

13 기숙사에 돌아와서 연락할게요.

V1 빈도 부사

1.

1) 항상
2) 자주
3) 가끔
4) 거의
5) 전혀

V2 부사

2.

1) 천천히
2) 함께
3) 못
4) 오래
5) 조금
6) 일찍

3.

1) 잘
2) 못
3) 많이
4) 조금
5) 빨리
6) 천천히
7) 일찍
8) 늦게

G1 N 때문에

눈 때문에

날씨 때문에

두통 때문에

감기 때문에

2.

1) 두통 때문에
2) 수업 때문에
3) 눈 때문에
4) 복통 때문에
5) 날씨 때문에
6) 시험 때문에

3.

1) 감기 때문에 병원에 갔어요.
2) 술 때문에 머리가 아파요.
3) 친구 때문에 여행을 못 갔어요.
4) 사랑 때문에 마음이 아파요.
5) 돈 때문에 친구와 싸웠어요.
6) 컴퓨터 게임 때문에 시험을 못 봤어요.

G2 V-(으)ㄹ게요

4.

먹을게요

만들게요

살게요

드릴게요

1) 드릴게요
2) 만들게요

5.

1) 먹을게요
2) 마실게요
3) 열어 드릴게요
4) 만들게요
5) 살게요

G3 V-기 전에

6.

먹기 전에

입기 전에

가기 전에

청소하기 전에

1) 먹기 전에

2) 하기 전에

7.
1) 샤워하기 전에 운동해요.
2) 머리를 빗기 전에 이를 닦아요.
3) 청소를 하기 전에 창문을 열어요.
4) 요리를 하기 전에 장을 봐요.

8.
1) 가기 전에
2) 시작하기 전에
3) 공부하기 전에
4) 수영을 하기 전에
5) 회의하기 전에

G4 V-(으)ㄴ 후에

9.
먹은 후에
읽은 후에
산 후에
만난 후에
1) 먹은
2) 산

10.
1) 씻은 후에
2) 먹은 후에
3) 마신 후에
4) 쓴 후에

11.
1) 끝난 후에
2) 본 후에
3) 돌아간 후에
4) 운동한 후에
5) 일어난 후에

G5 V/A-(을)까요?

12.
먹을까요?
읽을까요?
많을까요?
멀까요?
결혼할까요?
예쁠까요?
깨끗할까요?
1) 읽을까요
2) 멀까요

13.
1) 에밀리가 지금 집에 있을까요?
2) 피터가 음식을 잘 만들까요?
3) 칸이 내일 바쁠까요?
4) 내일 시험이 쉬울까요?
5) 그 가수가 키가 클까요?
6) 이 사람이 몇 살일까요?

14.
1) 비쌀까요 / 비쌀 거예요
2) 재미있을까요 / 무서울 거예요
3) 추울까요 / 추울 거예요
4) 어려울까요 / 쉬울 거예요
5) 좋아할까요 / 좋아할 거예요

P

15.
1) 갈게요
2) 할 거예요 / 만날 거예요
3) 준비할 거예요 / 준비할 거예요 / 준비할게요

16.
1) 밥을 먹기 전에 손을 씻어요.
손을 씻은 후에 밥을 먹어요.
2) 산책을 하기 전에 밥을 먹어요.
밥을 먹은 후에 산책을 해요.
3) 텔레비전을 보기 전에 숙제를 해요.

숙제를 한 후에 텔레비전을 봐요.

4) 수영을 하기 전에 준비 운동을 해요.

준비 운동을 한 후에 수영을 해요.

R

1.

1) 일어난 후에

2) 먹기 전에

3) 먹은 후에

4) 운동하기 전에

5) 운동한 후에

6) 샤워한 후에

7) 입은 후에

8) 빗은 후에

9) 청소를 하기 전에

한국어 활용연습 1

초판 1쇄 인쇄 / 2019년 8월 23일
초판 1쇄 발행 / 2019년 8월 30일

공저 김유미 · 남상은 · 박세아
발행처 형설출판사
경기도 파주시 회동길 37-23 · 전화 (031) 955-2361~4 · 팩시밀리 (031) 955-2341
발행인 장진혁
등록 라-제9호 · 1962년 5월 1일
홈페이지 http://www.hyungseul.co.kr
e-mail hs@hyungseul.co.kr

정가 18,000원

ISBN 978-89-472-8348-9 04710
978-89-472-8347-2 set

한국어
활용연습

1